JN082494

第3版

金融マンのための
実践デリバティブ講座

公認会計士
山下章太
Yamashita Shota

中央経済社

はじめに

　本書はデリバティブの基礎についてわかりやすく解説し，実務に活かす知識を身に付けることを目指すものです。

　デリバティブ関連書籍は多く発行されていますが，入門書か専門書（または，数学書）の両極に分かれるものがほとんどで，中級レベルの書籍がほとんどありません。入門書と専門書の間くらいで，ある程度実務に利用できる知識を習得できる書籍が必要と思ったのが，本書を執筆しようとしたきっかけです。

　たとえば，為替ポジションが大きい事業会社に勤務していて金融機関とデリバティブ取引を行っている場合，為替関連デリバティブ（為替予約，通貨スワップなど）を頻繁に契約しています。このような場合，「金融機関が勧めてくるデリバティブ契約が本当に会社の為替リスクのヘッジになっているのか？」「他のデリバティブ取引に変更する必要はないのか？」「提供される時価は正しいのか？」という疑問が出てきます。

　また，金融機関に勤務していて取引先にデリバティブ取引を勧めているものの，説明は専門部署がするため，実はあまり理解していない場合もあります。

　デリバティブは，基本さえ理解できれば，それほど難しいわけではありません。ただ，はじめから数学書のようなデリバティブ解説書を見ても取っつきにくいため，理解が進まないというのが多いように思います。

　本書の第1版を発行したのは2010年4月なので，発行時はリーマンショックによる金融危機がまだ継続しているような状況でした。その後，経済は持ち直してきましたが，各国の政府や中央銀行の金融緩和政策により金利がマイナスまで低下していき，金融環境が大きく変化しました。

　第3版を書いている現在は，新型コロナウイルス（COVID-19）により経済環境が安定せず，良い方向か悪い方向か，どちらに動くかがわからない状況です。

　第1版発行当時から大きく世界経済は変わってしまい，デリバティブに関し

ても，金利指標として全世界で利用されていたLIBOR（London Interbank Offered Rate）が2021年末に廃止されることになりました。今後は，LIBORに代わる金利指標として各国でリスクフリーレート（RFR）を設定して，実務対応が行われることになります。デリバティブ契約において参照される金利指標が変更されても，取引内容が大きく影響を受けるわけではないため，基本的なデリバティブに関する知識は相変わらず重要です。

　本書の想定する読者は，金融機関に勤務するクオンツ（数理分析専門家）のような専門知識は必要ないものの，商品の概要くらいは知っておきたい方です。デリバティブを理解するために，数式などを極力使わずに，グラフ，数値例などを利用して具体的なイメージを持てるように解説しています。

　本書は，デリバティブ取引を理解するためのツールとして，契約事例を交えながら解説してます。金融機関に勤務する方，企業の財務部や経理部に勤務する方，商社に勤務する方などに，広くデリバティブの知識を身に付けるためのツールとして役立てていただきたいと思います。

2021年11月

山下　章太

第5章　通貨スワップ――――――――――――――――――――――― 181

第6章 株式オプション ——————————— 247

（なお，本書においては，特に断りがない限り，利率やボラティリティはすべて年率としています。）

序章

相場環境の急変に対応するためには

・・・・・・・・・・・・・・・・・・・・・・・・・・・・

　デリバティブ取引は金利，為替，株価など参照する市場レートによって価格が形成されます。その市場レートは，経済環境の変化によって大きく影響を受けます。

　たとえば，2008年のリーマンブラザーズ証券の米連邦破産法11条の申請により，損失を被った金融機関を中心に全世界的な株価の下落を引き起こしました。特に影響が大きかった欧米の通貨は下落し，日本は急激な円高が発生しました。その後，世界の中央銀行は金融緩和政策を実施し，金利の引下げと資産（国債など）購入を行いました。

　市場レートが急変すれば，保有する資産・負債に大きな影響が出るのですが，マーケットのクラッシュを予想することはできなくても，予防することはできるのです。その有効なツールがデリバティブです。

　巨大なポジションを抱える金融機関はともかく，一般的な企業であればヘッジ（回避）の方法さえ間違わなければマーケットの急変にも対応ができます。実際にどのようにデリバティブを利用すれば良かったのかを例示してみます。

例 1

> A社は日経平均連動ETFのポジションを100億円保有しています。マーケットがクラッシュして日経平均株価が25,000円から10,000円に下落した場合，A社のETFの値下がりによる損失をヘッジする方法を考えてみましょう。

　日経平均株価の下落が－60％（（10,000円－25,000円）÷25,000円）なので，A社の保有するETFは60億円（100億円×60％）の損失が発生します。これを回避する方法は，**図表序－1**のようにいくつか存在します。

2

【図表序 - 1：日経平均株価から発生する損失のヘッジ手段】

#	ヘッジ手段	内　容
1	売却	保有しているETFをすべて売却する
2	空売り（信用売り）	日経平均株価に連動するETFを空売りする
3	先物	日経平均先物を売却する
4	株式オプション	日経平均株価を25,000円で売る権利（プット・オプション）を購入する
5	エクイティスワップ	日経平均株価を25,000円と交換する

　A社が保有するETFの株価下落リスクをヘッジするために最も有効な手段は，売却です。これを言ってしまうと元も子もないのですが，そもそもポジションがなければ損失など発生しません（図表序 - 2の売却後保有額がゼロのため，損益もゼロ）。

【図表序 - 2：売却による株価変動リスクのヘッジ（単位：億円)】

保有額 A	売却額 B	売却後保有額 C＝A－B	価格変動 D	損益 C×D
100	100	0	－60%	0

　株価変動リスクをヘッジする場合，空売り（信用売り）も有効な手段です。図表序 - 3のように，持っている株式と同じ数量を空売りすれば，株価が下がってETFに損失（60億円）が発生しても，空売りから発生する利益（60億円）で相殺することができます（利益60億円－損失60億円＝損益ゼロ）。
　ここで，エクスポージャーは，投資家の保有する資産のうち，マーケットの

【図表序 - 3：空売りによる株価変動リスクのヘッジ（単位：億円)】

	金額 A	価格変動 B	損益 A×B
現物（X）	100	－60%	－60
空売り（Y）	－100	－60%	60
エクスポージャー（X＋Y）	0	－	0

価格変動リスクにさらされている資産の金額をいいます。

　この場合は，現物保有しているETFのプラスのポジションとは別に，空売りによってマイナスのポジションを作って株価変動リスクをヘッジしており，経済実態としてはETFを売却しているのと同じです（図表序‐3のA：プラスのポジションとマイナスのポジションが相殺されてゼロになる）。すなわち，図表序‐1の#1（売却）と#2（空売り）は，取引内容が違っても，ETFの現物を売却している経済実態は同じです。

　図表序‐1の#3〜5に記載した方法は，実際に現物を売却しない，デリバティブ契約です。

　まず，#3先物と#5スワップは1回のみの取引の場合，同じ内容なのでまとめて説明します。#3先物については，将来の時点における売買を確定するデリバティブ契約で，売買取引の予約のようなイメージです。

　A社の保有するETFをヘッジするためには，「6カ月後の日経平均株価を25,000円で100億円分売却する」という先物取引を行います。日経平均株価は指数なので，現物決済できず，差金決済が行われることになりますが，説明の都合上，現物決済できるとして説明します。

　#5のエクイティスワップは，特定の株式等に連動した取引です。本件では，「6カ月後の日経平均株価と25,000円を100億円分交換する」というような取引を行います。

　#3先物取引や#5エクイティスワップを使って6カ月後に今の価格（25,000円）で100億円売却（交換）すると，発生する損益は**図表序‐4**です。本件の#3先物や#5スワップは，6カ月後に日経平均株価を売却するため，取引実態としては，空売りを行って6カ月後に現物決済（現渡し）するのと同じです。

【**図表序‐4：先物による株価変動リスクのヘッジ（単位：億円）**】

	金額 A	価格変動 B	損益 A×B
現物（X）	100	−60%	−60
先物，エクイティスワップ（Y）	−100	−60%	60
エクスポージャー（X＋Y）	0	−	0

4

#4株式オプションを利用してヘッジする場合は，日経平均株価を25,000円で売る権利（プット・オプション）を100億円分購入します。このオプション契約によって，**図表序-5**のように，株価が下落して10,000円になった日経平均株価を25,000円で売却するので利益が発生します。

【図表序-5：オプションによる株価変動リスクのヘッジ（単位：億円）】

	金額 A	価格変動 B	損益 A×B
現物（X）	100	-60%	-60
オプション（Y）	-100	-60%	60
エクスポージャー（X＋Y）	0	-	0

株価が下落した場合のヘッジの効果は同じなのですが，他のデリバティブ取引と異なる点が1つあります。それは，株価が上昇した時に，利益が発生する点です（**図表序-6，7**）。

空売り，先物，スワップでヘッジを行っている場合は，損益が発生する方向が現物と逆なので，株価が上昇した場合にはETFに利益が発生するのに対して，空売り，先物，スワップには損失が発生します（**図表序-6**）。

【図表序-6：株価上昇時の損益】

	金額 A	価格変動 B	損益 A×B
現物（X）	100	20%	20
空売り，先物，スワップ（Y）	-100	20%	-20
エクスポージャー（X＋Y）	0	-	0

一方，オプション契約はあくまで権利なので，損失が発生する場合には権利行使をする必要はありません。オプションを行使せずに，現物のみに利益が出るため，プラスの損益のみが発生します（**図表序-7**）。

先物，スワップは完全にリスクを中立（ニュートラル）にしてしまうため，片方だけをヘッジするということはできません。これに対して，オプションはリスクの片方だけをヘッジできるため，他のデリバティブとは違うヘッジ方法

【図表序‒7：オプションの株価上昇時の損益】

	金額 A	価格変動 B	損益 A×B
現物（X）	100	20%	20
オプション（Y）	0	20%	0
エクスポージャー（X＋Y）	100	－	20

ができるのです。

　このように，デリバティブは，リスクヘッジの有効な手段と言えます。ただし，デリバティブの本質を理解していないと大きな損失を被る可能性があります。次は，デリバティブにどのようなリスクが存在しているかを見てみましょう。

例 2

　B社は安定的な資金運用を目的として，為替レートが110円/米ドルの時に，証券会社と15年間，6カ月ごとに決済を行う通貨スワップを締結しました。通貨スワップの内容は以下の通りで，契約から5年間，B社に安定的なキャッシュ・インがありました。

a）為替レートが80円/米ドル以上の場合は，1百万米ドルを受取り，80百万円を支払う

b）為替レートが80円/米ドル未満の場合は，3百万米ドルを受取り，240百万円を支払う

　契約から5年経過後，急激な円高が発生し，為替レートが90円/米ドルになりました。1回あたりの決済額は110円/米ドルの時の30百万円から10百万円に減少しましたが，交換レートである80円/米ドルを上回っているため，B社のキャッシュ・フローはプラスです。

　ただし，証券会社からB社に対して「通貨スワップの時価が－2億円になったため，証拠金を1億円追加してほしい」と連絡がありました。

　なぜ，このような事態になったのでしょうか？

　まず，B社と証券会社が契約した通貨スワップは，a）為替レートが80円/米ドル以上の場合は１百万米ドルを受け取り，80百万円を支払います。為替レートが110円/米ドルの場合は，

　　決済額＝（110円/米ドル−80円/米ドル）×１百万米ドル＝＋30百万円

なので，30百万円のキャッシュ・インがあります。

　次に，b）為替レートが80円/米ドル未満の場合は３百万米ドルを受け取り，240百万円を支払います。a）為替レートが80円/米ドルの場合と比較すると取引金額（決済額）が３倍です。為替レートが70円/米ドルの場合は，

　　決済額＝（70円/米ドル−80円/米ドル）×３百万米ドル＝−30百万円

となり，30百万円のキャッシュ・アウトが発生します。

　為替レートと毎回の決済額の関係をグラフにしたものが**図表序 - 8**で，この通貨スワップは，為替レートが80円/米ドルを境に，80円/米ドル未満になると急激にマイナスが大きくなるという特徴があります。

【図表序 - 8：為替レートと決済額】

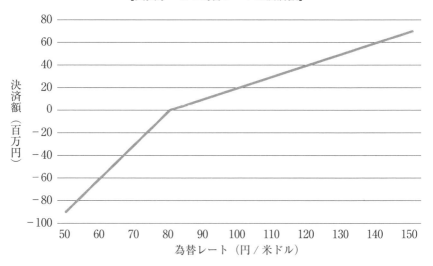

　さて，急激な円高によって為替レートが90円/米ドルとなりましたが，交換レート80円/米ドルを上回っているため，B社の決済額はプラス（キャッシュ・イン）です。急激な円高が発生したものの，キャッシュ・フロー（純決

済額）としては損している訳ではありません。にもかかわらず，2億円の評価損が発生しました。

　B社はなぜこのような事態になったのかわからないようですが，デリバティブの本質を理解していないから，このような疑問が発生するのです。

　B社が知らなかった点は，以下の2点です。

- フォワードレート（通貨間の金利差）を理解していない
- ボラティリティを理解していない

　1点目のフォワードレートとは，為替予約レートです。計算を単純にするため，為替レートを100円/米ドル，日本円の金利を1％，米ドルの金利を3％とします。

　この場合，日本円で100百万円を1年間運用すると101百万円（100百万円×（1＋1％）），米ドルで1百万米ドルを1年間運用すると1.03百万米ドルです。1年間運用した後の日本円，米ドルが違いますが，これは日米の金利差が2％あるためです。

　ただし，金利差はあるものの，1年間運用した場合の日本円と米ドルの価値は等しいはずなので，1年後の101百万円＝1年後の1.03百万米ドルが成立しなければいけません。すなわち，1年後の101百万円＝1年後の1.03百万米ドルとなる為替レートが，1年後の為替予約レート（フォワードレート）にならないと，裁定取引（アービトラージ）が可能になってしまいます。

　もし，1年後の為替予約レートも今と同じ100円/米ドルだったら，1年間米ドルで運用して100円/米ドルで日本円に戻せば，日本円で3％の利回りを確保できます。たとえば，**図表序－9**のように，①日本円で100億円を金利1％で借り入れて，②100円/米ドルで米ドルに両替するとともに，1年後の為替予約を100円/米ドルで行います。③1年後に金利込みで1.03億米ドルになった米ドルを④100円/米ドルで円転して103億円を確保し，⑤借入金の元利金101億円（100億円×（1＋1％））を支払うと，差額の2億円が利益です。

　このような取引を裁定取引（アービトラージ）といいますが，これが可能だとすると日本円で調達して米ドル運用するという円キャリー取引に投資家が殺到します。取引が過熱化していくと，為替予約レートが100円/米ドルではな

【図表序 - 9：アービトラージ可能な円キャリー取引】

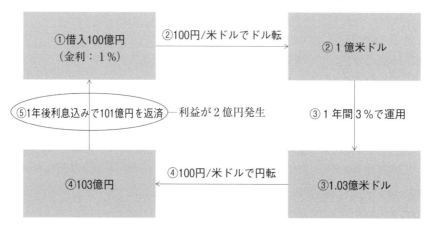

くても儲かるので，「99円/米ドルで100億米ドル為替予約してほしい」，「98.5円/米ドルで500億米ドル為替予約してほしい」とアービトラージによる利益がゼロになるまで為替予約レートが下がっていきます（円高方向になる）。

現在の為替レートは100円/米ドルですが，1年後の為替予約レートは，

101円÷1.03米ドル＝98.0582…≒98.06円/米ドル

だと，アービトラージの利益がゼロです。

同様に，2年後の為替予約レートは，

（101円×1.01）÷（1.03米ドル×1.03）＝96.1542…≒96.1542円/米ドル

です。

ここまで読むとある程度イメージできたと思いますが，1年後の為替予約レートは，1年後にその為替レートになることを意味している（マーケットが予想している）わけではありません。通貨間の金利差があるため，適正な為替予約レートで取引しないと，カウンターパーティー（相手先の金融機関）はアービトラージを仕掛けられて損することを意味しています。

　さて，話を進めると，(各国の中央銀行の金融緩和政策による異常な利下げやマイナス金利を除けば)，日本の金利水準は他の先進諸外国と比較して，歴史的に低い水準にあります。すなわち，デリバティブを評価する際に利用する為替フォワードレート(為替予約レート)は，年数に応じた期間構造(タームストラクチャー)が円高方向(為替レートが下がる方向)になるのです。

　例2に出てきた為替レート(契約から5年後)90円/米ドル，日本円金利を1％，米ドル金利を3％とした場合のフォワードレートは，**図表序-10**です。デリバティブを評価する際に利用するフォワードレートは，90円/米ドルからスタートして，徐々に円高になっていき，約6年で通貨スワップの交換レート80円/米ドルと等しくなります。

【図表序-10：為替フォワードレート】

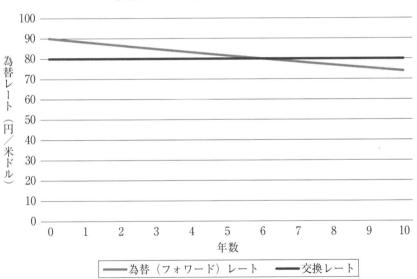

　通貨スワップは，6カ月ごとに決済が行われ，交換レート80円/米ドル以上の場合，決済額が1百万米ドル，80円/米ドル未満の場合は，決済額が3百万米ドルです。フォワードレートを前提としてこの通貨スワップの純決済額(受取－支払)を示したものが**図表序-11**です。

　図表序-11を基にすると，この通貨スワップは6年目までは利益が出て，6

年目以降は損失が発生します（実際には，後述するボラティリティの影響があるため，そのようにはなりません）。

　フォワードレートにおける10年間の決済額の合計（現在価値への割引前）は，約－18百万円で，80円/米ドル以下で交換元本が3倍になる影響から，時価評価額がマイナスになっています。

【図表序－11：フォワードレートによる通貨スワップの純決済額】

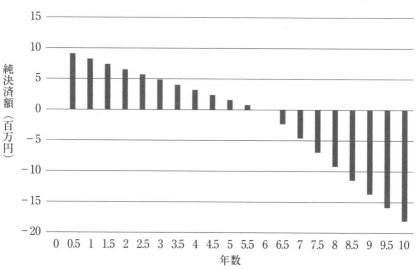

　ここまでで，通貨スワップの純決済額がプラスでも，時価評価額がマイナスになる理由がわかったと思います。

　ただ，フォワードレートで計算した時価評価額は，証券会社が計算した時価評価額とは大きく乖離しています。その理由は，列挙した2つ目の原因「ボラティリティ」によるものです。

　ボラティリティとは，変化率の標準偏差で，どれくらい価格が変化するかを表しています。先ほど為替フォワードレートを図示（図表序－10）しましたが，実際にはランダムに動くので，いろいろな為替レートが発生する可能性があるはずです。**図表序－12**は，90円/米ドルに対して，ボラティリティ30％，円金利1％，米ドル金利3％で6カ月後の為替レートの分布を示したものです。1

円/米ドル単位で個数を集計（たとえば，10円/米ドル以上〜11円/米ドル未満を10円/米ドルとしてカウント）しており，フォワードレート89.12円/米ドルを中心に釣鐘状に分布（正規分布）しています。

　フォワードレートとは為替レートの分布の平均値を意味しており，本件の通貨スワップの時価評価においては平均値であるフォワードレートを利用する訳ではありません（本件のように交換元本が為替レートに応じて変化しなければ，フォワードレートで評価しても結果は同じになります）。

【図表序‐12：6カ月後の為替レートの分布】

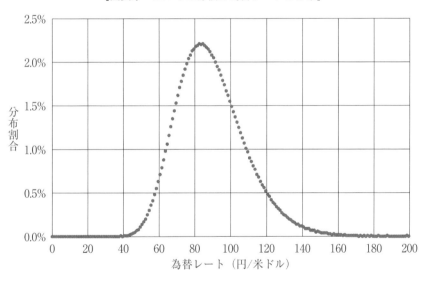

　同様に6カ月後〜10年後の為替レートの分布を示したものが**図表序‐13**です。年数が経つに従って，フォワードレートの正規分布が円高方向に移動していくのがわかります。

　フォワードレートが交換レート80円/米ドルを下回るのは6年後からですが（図表序‐10），図表序‐12，13から6カ月後でも80円/米ドルを下回る為替レートが発生する可能性があることがわかります。

　念のために，ボラティリティによって計算した発生確率の下側（0％〜50％）

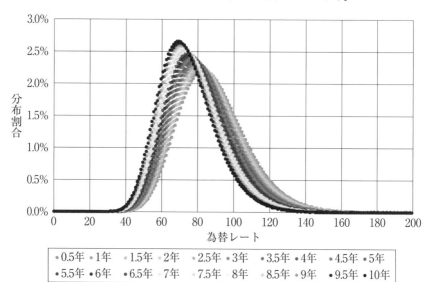

【図表序 - 13：6カ月後〜10年後の為替レートの分布】

分布割合

為替レート

•0.5年 •1年 •1.5年 •2年 •2.5年 •3年 •3.5年 •4年 •4.5年 •5年
•5.5年 •6年 •6.5年 •7年 •7.5年 •8年 •8.5年 •9年 •9.5年 •10年

とフォワードレートとの関係を示したものが**図表序 - 14**です。ここでは，フォワードレートの上側（0〜50％）はフォワードレートよりも上に生じるため，省略しています。また，ボラティリティを使った為替レートの分布は，簡便的に計算するために前回のフォワードレートを起点にしており，正確に計算すると図表序 - 14とは異なるレンジになります。

図表序 - 14はフォワードレートを起点にして，フォワードレートよりも為替レートが低くなる確率を10％刻みのレンジで表示しています。たとえば，発生確率10％（下側10〜20％）と記載している部分は，0.5年後に10％の確率で78.0〜82.6円/米ドルになるという意味です。

通貨スワップの交換レートが80円/米ドルなので，0.5カ月後に交換レートよりも為替レートが下回っている確率は約30％（下側20〜50％），2.5年後には約40％（下側10〜50％）が交換レートよりも下回ります。すなわち，平均値（上側0〜50％と下側0〜50％の平均）であるフォワードレートは，交換レートを上回っていても，交換レートを下回る（損失が発生する）決済が0.5年後に約

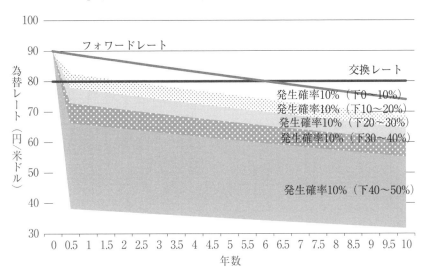

【図表序‐14：発生確率に応じた為替レートのレンジ】

30%，2.5年後に約40%発生するのです。

　本件の通貨スワップは，交換レートよりも為替レートが下回った場合，上
回った場合の3倍の損失が発生します。この3倍のレバレッジが評価額に与え
る影響を簡単に計算するために，為替レートが80円/米ドルを上回った場合
を＋1,下回った場合を－3とすると，

- ●0.5年後の損益＝＋1×70%－3×30%＝－0.2
- ●2.5年後の損益＝＋1×60%－3×40%＝－0.6

なので，フォワードレートが交換レートを上回っていても損失が生じます。

　ボラティリティを利用して正規分布に従う為替レートを計算し，純決済額
（受取額－支払額）を0.5年後～10年まで表示したものが**図表序‐15**です。この
決済額の合計は約－2億円ですが，イールドカーブで計算した損益（図表序‐
11）とは明らかに形状が異なっていることがわかると思います。

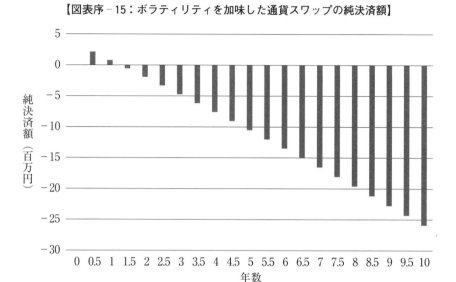

【図表序 - 15：ボラティリティを加味した通貨スワップの純決済額】

このように，デリバティブを理解するうえでは，ボラティリティが何を意味しているかを理解する必要があります。

話が長くなってしまいましたが，デリバティブは，他の投資手段（貸付金，株式，不動産など）と比べると，用語も考え方も独特なので取り付きにくい部分もありますが，理解すると非常に有効なツールとして利用できます。また，デリバティブはリスクヘッジのための有効なツールですが，リスクが存在しているため，デリバティブの本質をよく理解しておくことが必要です。

それでは，次章から具体的に見ていきましょう。

デリバティブに関する基礎知識

1. 金融派生商品（デリバティブ）とは

◆ ◆ ◆

　目黒セラミックの志村社長と，虎ノ門銀行の加藤さんが契約した金利スワップの件で話をしています。

志村社長：今回も金利スワップの提案？　変動金利の上昇を抑えるために，勧められた金利スワップを契約しているけど，また，金利が下がってるよね。

加藤さん：御社の借入金利のほとんどがTIBOR（変動金利）なので，金利変動リスクにさらされています。オオカミ少年と言われても，リスク管理を提案しないといけないんです。

志村社長：まぁ，そのうち金利が上がるかもしれないから，今回は契約するけどね……。

◆ ◆ ◆

（1）　デリバティブの意味と目的

　デリバティブは，日本語で「金融派生商品」といいますが，金融商品から派生した商品ということで，この名称が付けられています。デリバティブには，「先物」「オプション」「スワップ」と大きく3つの種類があります。

　また，デリバティブを利用する目的は大きく以下の2つです。

- ヘッジ目的
- 投機目的

　すなわち，目的は，何かから守る（ヘッジ目的）か，利益を追求する（投機目的）です。

　会社が変動金利で資金調達している場合，将来の金利上昇を回避するための金利スワップ取引は，ヘッジ目的でのデリバティブの利用です。将来為替が円安になった場合の利益を狙って先物取引を行う場合は，利益目的（投機目的）といえます。

　急激な円高の際に多くの会社がデリバティブ損失のリリースを出しましたが，投機目的でデリバティブ取引を行っていたものも多く含まれていました。デリバティブは，うまく相場が読み通りに動いたときには巨額の利益を得ることができますが，読みと反対方向に動いたときの損失額は非常に大きなものとなり，場合によっては会社が破綻するほどの金額となります。

　デリバティブに関する特徴をある程度知っておかなければ，取り返しのつかない状況に陥ることもあるので，まずはデリバティブの種類とその特徴から学習していきましょう。

（2）　デリバティブの種類と特徴

　まず，デリバティブには，「先物/先渡」，「オプション」，「スワップ」の3種類があります。それぞれ違った特徴を持っており，具体的には**図表1－1**のように区分されます。

　先物とスワップは，契約時点で将来の取引を確定するので，相場が読み通りにいかない場合は，キャンセルすることができず，損失が発生します。正確には，損失額を支払って解約することができますが，損失が発生することには違いありません。

　これに対してオプションは，都合が悪くなればキャンセルできるので，損失額は限定されます。

　それでは，「先物/先渡」，「オプション」，「スワップ」について，個別に見ていきましょう。

【図表1－1：デリバティブの比較】

	取引の特徴	読みが外れた場合
先物/先渡取引	将来の売買を現時点で決定する取引 例：1年後に1ドル100円で購入する。	基本的には，キャンセルできないため，損失が発生する。
オプション取引	権利の売買 例：1年後に1ドルを100円で購入する権利を購入する。	権利を放棄すれば，損失を負う必要はない（ロングの場合）。
スワップ取引	何かと何かを交換する 例：今後3年間，固定金利と変動金利を交換する。	基本的には，キャンセルできないため，損失が発生する。

2. スワップ取引とは

◆ ◆ ◆

志村社長：ところで，最近は海外からの部品調達が増えて，毎月，米ドルの決済が発生してるんだ。米ドル仕入の金額が大きくなってきたんだけど，円安（たとえば，1ドル＝100円から120円になる）になったら売上の日本円と差が出てくるから，何とかできないかな？

加藤さん：それなら通貨スワップを利用してはどうですか？　契約時に為替レートを固定して，毎月，日本円と米ドルを交換するんです。たとえば，1ドル＝100円に固定して，1万ドルと100万円を毎月交換するような契約です。

志村社長：円安になっても，同じ為替レートで決済できるんだ。ちなみに，円高（たとえば，1ドル＝100円から80円になる）になったら，どうなるの？

加藤さん：それは……，損しますね。

◆ ◆ ◆

スワップとは「交換」という意味で，「何か」と「何か」を交換します。たとえば，「日本円と米ドルを交換する」ことを通貨スワップといいます。

【図表1－2：スワップ取引のイメージ】

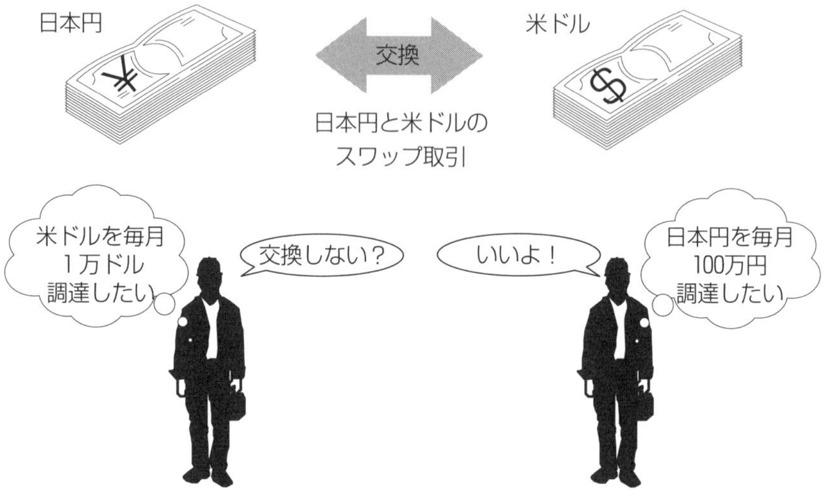

日本円　　　　　　　　交換　　　　　米ドル

日本円と米ドルの
スワップ取引

米ドルを毎月
1万ドル
調達したい

交換しない？

いいよ！

日本円を毎月
100万円
調達したい

　最も一般的なスワップ取引は，「金利スワップ」です。最もシンプルな（プレーンバニラ）金利スワップは，「変動金利と固定金利の交換」です。

　変動金利は，TIBORのような，取引時点における一定期間（たとえば，3カ月間）の金利です。取引時点の市場実勢に合わせて決定されるため常に変動します。

　なお，金利スワップという場合，同じ通貨での変動・固定金利の交換を指すため，異なる通貨（たとえば，日本円と米ドル）の金利を交換するのは金利スワップとはいわず通貨スワップ（ベーシス・スワップ）といいます。

　金利スワップは**図表1－3**のような取引条件で契約します。

【図表1‑3：金利スワップの取引条件】

想 定 元 本	100百万円
期　　　間	5年間
受 取 金 利	6カ月円TIBOR（変動金利）
支 払 金 利	2％（固定金利）
金 利 交 換	6カ月ごと

3.　先物/先渡取引とは

◆ ◆ ◆

志村社長：為替予約は何度か契約したことがあるけど，さっきの通貨スワップって，為替予約と何が違うの？

加藤さん：為替予約と通貨スワップは，この場合は違いがないです。言い方が違うだけなんですが，紛らわしかったですか？

　　　　　スワップの場合は「1万ドルと100万円を毎月交換」という米ドルと日本円の交換取引を契約します。

　　　　　為替予約の場合は「1カ月後に1万ドルを100万円で購入する予約」，「2カ月後に1万ドルを100万円で購入する予約」，「3カ月後に1万ドルを100万円で購入する予約」というように，米ドルを日本円で購入する決済予約を複数契約します。

　　　　　「為替予約」といった場合は，決済時点が決まっているので，連続しない取引を指すことが多いです。

志村社長：じゃあ，決済が1回だけだったら為替予約で，決済が2回以上だったら通貨スワップというのが正解？

加藤さん：不正解です。為替予約でも連続取引を行う，包括為替予約というのがあって……。

◆ ◆ ◆

　先物取引と先渡取引は，将来のある時点における取引条件を，あらかじめ決定しておく取引です。売買の予約だと思えば，理解しやすいと思います。

　たとえば，虎ノ門銀行の加藤さんが１年後に海外旅行を予定しています。現在，１ドル＝100円ですが，１年後には１ドル＝120円（円安）になるのを心配しています。

【図表１－４：加藤さんの心配ごと】

　加藤さんの心配事は，１年後に１ドル＝100円でドルを買う予約をすれば解決します。加藤さんは，１年後に必ずドルを購入しなければなりませんが，１ドル＝100円で購入するので，予測どおり１ドル＝120円になった場合は，かなり得をします。

　さて，先物取引と先渡取引の２つが出てきましたが，両者は本質的にはほとんど同じです。違いは取引形態が上場しているかどうかだけです。

【図表１－５：先物取引と先渡取引の違い】

	先物取引	先渡取引
英語	Futures（フューチャー）	Forwards（フォワード）
取引形態	上場	店頭（相対）
取引対象	標準化されたもの	原則，金融商品全般
取引相手	清算機関	金融機関など
取引相手の倒産リスク	原則，考慮不要	原則，考慮不要

「先渡取引」では，当事者同士が合意すればどのような取引でも可能で，加藤さんのように，1年後に1ドル＝100円で購入するといった個別の取引ができます。「先物取引」は，取引所での取引となるため，「先渡取引」のような柔軟性はありません。ただし，取引の内容はほとんど同じなので，厳密に両者を分ける意味はありません。

　なぜ先渡取引のような仕組みがあるかというと，先ほどの加藤さんのように，為替予約契約（**図表1‐6**）を締結し，為替が変動するリスクをヘッジできるからです。

【図表1‐6：為替予約の取引条件】

米ドルの買い手	八重洲トレーディング（当社）
米ドルの売り手	丸の内銀行
受　渡　日	6カ月後
元　　　本	1百万米ドル
為替予約レート	100円/米ドル

4.　オプション取引とは

◆ ◆ ◆

志村社長：先物/先渡取引とスワップは，似たような取引なんだね。そういえば，デリバティブには，オプション取引というのもあると聞いたけど，今回の場合は，利用できないの？

加藤さん：オプション取引でも対応できますよ。たとえば，「1カ月後に1万ドルを100万円で買う権利」を購入すれば，為替レートが円安（たとえば120円/米ドル）になったら権利行使して1ドル＝100円で米ドルを購入できます。円高（たとえば80円/米ドル）になった時は権利行使しなければいいだけです。

志村社長：3つのデリバティブを比べると，オプション取引が，一番使い勝手が良

さそうな気がするんだけど，実際のところどうなの？

加藤さん：権利取得する時にオプション料を支払う必要があるので，コストが見合うのであれば，ですね。為替予約や通貨スワップの場合は手数料が掛からない（手数料は取引条件に含まれるので表面上は表れない）のですが，通貨オプションは手数料（オプション料）が掛かります。ただし，「1カ月後に1万ドルを100万円で買う権利」を購入して，「1カ月後に1万ドルを100万円で売る権利」を売却すれば手数料をゼロにできます。

志村社長：へー，そんな風になるんだ。じゃあ，そのオプションと為替予約は何が違うの？

加藤さん：同じですけど，何か？

◆ ◆ ◆

（1） オプション取引の特徴

オプション取引は，先ほどまで説明してきたスワップや先物/先渡とは少し違います。何が違うかというと，スワップや先物/先渡は決められた条件で必ず取引をしなくてはいけませんが，オプション取引は決められた条件で取引をしなくても問題ありません。

たとえば，虎ノ門銀行の加藤さんが，支店長から，スキー場の年間パスポートを，本来であれば10万円のところ5万円で購入できる割引券を貰ったとします。スキーが大好きな加藤さんは，雪が降ってスキーができたら5万円得なので，割引券を使って年間パスポートを購入します。ただし，雪が降らなかったら，5万円が無駄になってしまうので，年間パスポートは購入しません。加藤さんは割引券を使っても，使わなくてもいいのです。

オプション取引は，この場合の割引券と同じです。あくまで権利であって，義務ではありません。

（2） オプション取引の意味

オプション取引とは，「①将来のある時点において，②特定の資産等を，③契約に定められた価格で，④購入（売却）する，⑤権利の売買」です。

①の将来時点の決定の仕方によって，以下の2パターンに分かれます。

- **ヨーロピアン・オプション**：満期時にしか権利行使をすることができない
  オプション取引
- **アメリカン・オプション**：いつでも権利行使することができるオプション
  取引

②の対象資産を「**原資産**」といいます。原資産は，株式，金利，為替など何
でもかまいません。

③の価格を行使価格（**ストライク・プライス**）といいます。

④は売買によって，オプションの呼び方が変わります。

- **コール・オプション**：購入できる権利
- **プット・オプション**：売却できる権利

⑤については，権利の売買という点が他のデリバティブ取引と大きく異なり
ますが，売買の別によって呼び方が異なります。

- **ロング・ポジション**：買い
- **ショート・ポジション**：売り

　上記のような差によって，オプション取引の契約内容が大きく違ってきます。
オプション取引にはさまざまなタイプがあり，**図表1‐7**のような契約がオプ
ション取引です。

【図表1‐7：オプションの取引条件】

原　資　産	米ドル
行　使　価　格	100円/米ドル
行　使　期　間	2年間
行　使　時　期	いつでも行使可能

第 2 章

デリバティブを学ぶ前に
知っておくべき基本的な考え方

そもそも，デリバティブの細かい点を学ぶ前に，大前提となることがいくつかあります。ここでは，デリバティブを含めた金融取引全般に共通の概念を先に説明します。

1. リスク・リターンをどのように考えるか

◆ ◆ ◆

虎ノ門銀行の加藤さんは，目黒セラミックから 5 年間の融資の依頼を受けました。

志村社長：5 年間の設備投資資金の借入を，何とか1.3%でお願いできないかな？

虎ノ門銀行の現在の 5 年間の調達金利が 1 ％，目黒セラミックの信用リスクは0.5%です。

加藤さん：検討させて下さい。戻って上司と相談して，ご連絡します。

虎ノ門銀行に戻った加藤さんは，上司の鈴木課長に相談しました。

加藤さん：本日，目黒セラミックの志村社長から1.3%で 5 年間の設備資金融資の
　　　　　依頼がありました。どうしましょうか？

◆ ◆ ◆

虎ノ門銀行の現在の 5 年間の調達金利は 1 ％，信用リスクは0.5%です。調達コスト＋信用リスク＝ 1 ％＋0.5%＝1.5%ですが，1.3%で目黒セラミックに融資してもいいのでしょうか？

当然ながら，経済性だけを考えると，答えはNoです。

鈴木課長：目黒セラミックか。あそこはいい会社だからね。うちとしても，期末に
　　　　　向けて，貸出残高を増やしておきたいし，どうしようかな。

　虎ノ門銀行の経費率が0.5%だったとすると，**図表 2 - 1** から，

　虎ノ門銀行の最低リターン＝調達コスト＋信用リスク＋経費率

$$＝1.0\%＋0.5\%＋0.5\%$$
$$＝2.0\%$$

です。1.3%では，虎ノ門銀行の最低限のリターンも超えていません。

【図表 2 - 1：リスクとリターンの関係】

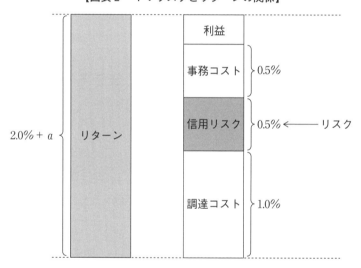

　リターンは「儲け」，リスクは「危険性」や「不確実性」などと訳されるよ
うに，この場合は，目黒セラミックへの融資にどれだけ返済されない不確実性
があって（リスク），どれだけ儲かるか（リターン）を検討しなければいけま
せん。図表2-1の場合は，調達コスト＋事務コストの1.5%は，目黒セラミック
のリスクとは関係なく虎ノ門銀行で発生するコストなので，コスト＋信用リス
クを最低限リターンとして要求しなくてはなりません。

　デリバティブの場合も同様です。デリバティブ取引には，スワップ，先物/
先渡取引，オプションがありますが，リスクの考え方はどれも同じです。

　銀行がデリバティブ取引を企業と締結するときは，通常はカバー取引（ヘッジ取引）を行います。たとえば，虎ノ門銀行が目黒セラミックとスワップ取引を行う場合を考えてみます。

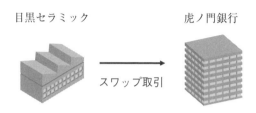

　虎ノ門銀行は，目黒セラミックと締結したスワップ取引のリスクをヘッジ（回避）するために，同業の丸の内銀行とスワップ取引を締結します。

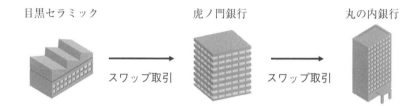

　この際，丸の内銀行から1.0%の支払いを要求されるので，虎ノ門銀行の事務コスト0.5%，目黒セラミックの倒産リスク（信用リスク）が0.5%だとすると，虎ノ門銀行は，目黒セラミックと2.0%でスワップ契約を行わなければなりません。

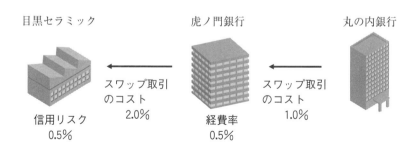

　デリバティブ契約においては，特に，相手方が破綻するなどして損失を被る

リスクを，カウンターパーティ・リスクといいます。デリバティブは，時価がプラスの場合とマイナスの場合があり，マイナスの場合（自分が支払わないといけない場合）はカウンターパーティ・リスクが存在しません。また，貸付のように元本が存在せず，融資取引のように元本に対してリスクが生じる訳ではありません。

よって，デリバティブ取引におけるカウンターパーティ・リスクは，融資取引における信用リスクと比べて相対的に小さいといえます。

2. リスクフリーレート（ベースレート）とは

◆ ◆ ◆

虎ノ門銀行の内部で検討した結果，加藤さんは，目黒セラミックに1.3％で融資する件を，お断りしたようです。しかし，少々納得のいかない加藤さんは，上司の鈴木課長に聞いてみました。

> 加藤さん：鈴木課長。先日の話でも「調達金利」や「スワップレート」などが出てきていますが，いつもはあまり理解せずに話をしています。そもそも，何なんでしょうか？
>
> 鈴木課長：そういえば，加藤さんは入ってから営業ばかりで，マーケットのことをあまり学ぶ機会がなかったね。この際だし，説明しておくね。

◆ ◆ ◆

デリバティブを理解するうえで，次に知っておかなければいけない概念がリスクフリーレート（RFR）です。先ほど，虎ノ門銀行の調達コストが1.0％でしたが，銀行の調達コストはリスクフリーレートから計算します。

リスクフリーレートは，「リスクのない資産から受け取ることができる金利」を意味しますが，そのような資産はこの世には存在しません。あくまで金利計算を行う際に基準となるレート（指標）と理解してください。金利決定の基準になるということから，ベースレート（基準金利）という言い方もします。一般的にリスクフリーレート（ベースレート）として利用されているものは，国債と金利指標（TIBORなど）です。

リターンを，リスクのないもの（リスクフリー）とリスクのあるもので分けると，

　リターン ＝ リスクフリーレート ＋ スプレッド
　　　　　　（リスクのないもの）　　（リスク）

となります。

　日本において国債は発行される種類が多く，発行された国債の残存年数もバラバラなので，期間構造（タームストラクチャー）を作成するのに手間が掛かります。一方，金利指標は残存年数ごとにレートが開示されているため，リスクフリーレートとして利用しやすいのが特徴です。

（1）国　　債

　国債は，各国が発行する債券（政府債務）で，投資した国債は，満期時に国が償還します。「国債を購入する＝国にお金を貸している」といえるため，どの国の国債を保有するか（どの国にお金を貸すか）によって，信用力は違います。

　図表 2 - 2 は2021年 2 月末時点のスタンダード＆プアーズ（S&P）が公表するソブリン（国債）格付けを抜粋したもので，信用力が最も高いAAAから投資適格の最低ランクBBB－までの対象国を示しています。日本の自国通貨長期信用格付けはA＋で，米国，英国，ドイツなどと比較すると低い格付けです。アジア圏では，シンガポール，香港，韓国，台湾などより低格付けで，中国と同じ格付けです。A＋という格付けは，企業でも多数取得しており，特段高い格付けではありません。理由は国債発行残高のGDP比が諸外国と比べても著しく高く，債務返済の目途が立たないためです。

　なお，一般的に信用力が高いほど金利は低いのですが，通貨の異なる国債ではこの関係は成立しません。各国が独自に政策金利を決定していて，国債のレートは信用力とは関係なく決定されるためです。

　このような信用状況にある日本国債ですが，日本においてはリスクフリーレートとして扱われています。

【図表 2 - 2 ：ソブリン格付け（自国通貨長期信用格付け）】

信用力	格付	対　象　国
高	AAA	オーストラリア，カナダ，ドイツ，スイス，シンガポール
	AA＋	米国，香港，オーストリア
	AA	英国，フランス，韓国
	AA－	台湾，チリ，クウェート，アイルランド，イスラエル
	A＋	日本，中国，スロバキア
	A	マレーシア，ポーランド，スペイン，アイスランド
	A－	サウジアラビア，タイ，ペルー
	BBB＋	フィリピン，メキシコ
	BBB	ロシア，イタリア，インドネシア
低	BBB－	インド，ルーマニア，モロッコ，クロアチア

出所：S&Pグローバル・レーティング・ジャパン（2021年 2 月28日時点）から抜粋。

　なお，国債にはさまざまな種類があります。償還までの期間（年限）によって，以下のように分類されます。

- 超長期国債（15年・20年・30年・40年）
- 長 期 国 債（10年）
- 中 期 国 債（ 2 年・ 3 年・ 4 年・ 5 年・ 6 年）
- 短 期 国 債（ 6 カ月・ 1 年）

　また，利払いの種類によって，以下のように分類されます。

固定利付債	半年ごとに一定の利子が支払われ，償還時に額面金額が支払われる国債
変動利付債（FRN）	半年ごとに支払われる利子の額が市場金利によって毎回見直される。償還時に額面金額が支払われる国債
物価連動債（TIPS）	元本と利息が消費者物価指数（CPI）に連動して増減する国債
割 引 債	途中での利払いはないが，額面を下回る額で発行され，償還時に額面金額が支払われる国債

　一般的な指標として利用されるものは，10年固定利付国債です。理由は，10年固定利付国債が，最も発行量が多く，取引が活発に行われていることから，価格が最も安定しているためです。

（2）　TIBORなどの金利指標

　日本における金利指標として代表的なものは，TIBOR（タイボー）とTONA（トナー）です。

　TIBORは，「Tokyo Inter-Bank Offered Rate」の略で，東京の銀行間取引金利を意味します。日本の一般社団法人全銀協TIBOR運営機関が算出・公表しているもので，「全銀協TIBOR」とも呼ばれます。

　TONAとは，「Tokyo OverNight Average rate」の略で，日本銀行が公表する算出方法に基づく無担保オーバーナイト（O/N）物取引に掛かるコールレートの加重平均値です。銀行が資金調達する期間が翌日（オーバーナイト）までなので，銀行の信用リスク等をほとんど反映しない金利とされています。

　TIBORは調達期間（たとえば，3カ月間）の銀行の信用リスク等を反映する金利なのに対して，TONAは銀行の信用リスク等をほとんど反映しない金利なので，よりリスクフリーレート（RFR）に近い金利指標といえます。

　なお，TIBORなどの金利指標は，最大1年までの金利が公表されており，1年以上のレートは，TIBORなどと交換する固定金利であるスワップレートが利用されます。

　スワップとはデリバティブ取引における「交換取引」を指し，ここでのスワップレートは変動金利を交換する固定金利をいいます。

　変動金利（たとえば，TIBOR）は銀行間の取引金利なので，経済環境に応じて常に変化します。会社が常に変化している変動金利で資金調達していて変動金利を利息として支払う場合，急激な金利上昇を回避するために，金利を固定化したいというニーズが生じます。この場合は，変動金利を受け取り，固定金利を支払うスワップ取引を行います。

　たとえば，目黒セラミックが虎ノ門銀行から変動金利で融資を受けており（**図表2－3**の①実行前），目黒セラミックは金利を固定化したいと考えているとします。金利を固定化するために目黒セラミックが固定金利を支払い，虎ノ

32

門銀行が変動金利を支払う金利スワップ取引を締結します（図表2－3の②金利スワップ取引）。①変動金利の支払と②金利スワップ取引を合わせると，目黒セラミックは，虎ノ門銀行から受け取る変動金利で借入金利息（変動金利）を支払えばよいため，実質的に固定金利の支払のみが発生します（図表2－3の③実行後）。

【図表2－3：スワップ取引による金利の固定化】

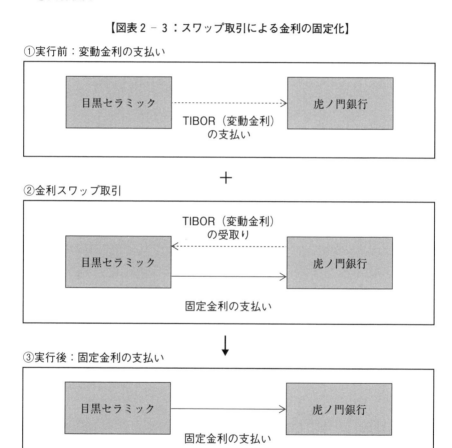

①実行前：変動金利の支払い

目黒セラミック ・・・・・・> 虎ノ門銀行
TIBOR（変動金利）の支払い

＋

②金利スワップ取引

TIBOR（変動金利）の受取り
目黒セラミック <・・・・・・ 虎ノ門銀行
固定金利の支払い

↓

③実行後：固定金利の支払い

目黒セラミック ――――> 虎ノ門銀行
固定金利の支払い

スワップレートとは，変動金利（たとえば，TIBOR）と一定の期間（たとえば，2年間）交換する固定金利のことで，金利スワップ取引に使用されます。

2年スワップレートが1％（年率）の場合，**図表2－4**のように6カ月

TIBORを2年間支払う取引と固定金利1％を2年間支払う取引が等しいことを表しています。

【図表2－4：スワップレートの意味】

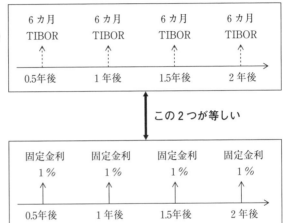

6カ月TIBOR（変動金利）を半年ごとに2年間支払う

1％（固定金利）を半年ごとに2年間支払う

　TIBORなどの金利指標は，年限ごとのレートが日々公表されていて利用しやすいことから，リスクフリーレート（基準金利）として利用されているのです。

　繰返しになりますが，TONAは銀行の信用リスク等をほとんど反映しない金利なので無リスクに近いレートです。一方，TIBORは銀行の信用力をもとにしているため，無リスクとはいえませんが，少なくとも一般的な企業よりはリスクは低いレートです。

（3）　期間・通貨による水準の違い

　ここでは都合上，少し古いデータを利用して説明します。

　図表2－5は通貨ごとのLIBOR（London Inter-Bank Offered Rate，2021年12月まで利用されていた銀行間取引金利）とスワップレートから作成した2015年8月末時点の利回り曲線（イールドカーブ）ですが，金利水準が通貨によって違っていることがわかると思います。

【図表 2 - 5：各通貨の利回り】

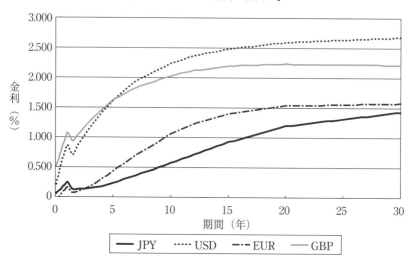

出所：Bloombergより作成。

　通常，イールドカーブは期間が長いほど金利が高くなります（順イールドともいいます）。図表 2 - 5 は，横軸に期間（年），縦軸に金利（％）を表示しており，通貨ごとに差はあるものの，金利の上昇が期間に比例することが読み取られます。

　また，図表 2 - 5 から，通貨によってリスクフリーレートの水準が大きく違うことがわかると思います。日本の金利は，ここ数十年間，どの国よりも低金利です。図表 2 - 5 をみると，日本の10年金利は約0.6％，アメリカの金利は約2.2％なので，国（通貨）によって金利水準が大きく異なるのです。

　日本円で貸付を行う場合と，ドルで貸付を行う場合を比べると，同じ先に貸したとしてもドル金利のほうが高くなります。単純に金利だけで判断すると，ドル貸付のほうが有利になるように思えますが，**通貨によってそもそものリスクフリーレートが違う**ことに注意してください。

　この通貨による金利差は，為替予約や通貨スワップを考える際にとても重要な概念になります。

3. スプレッドとは

加藤さん：ベースレートについては，なんとなく理解できました。ところで，目黒
セラミックの話をしている際に，「スプレッド」についての話が出てき
ました。銀行員としては，「金利」よりも「スプレッド」を重視して取
引する必要があるんですよね？

鈴木課長：そうだね。「金利」よりも「スプレッド」のほうが大切だね。ついでだ
から，説明しましょう。

　本章の 2. で，

　　投資のリターン＝リスクフリーレート（基準金利）＋スプレッド

だといいました。リスクフリーレートは誰でも稼ぐことができる利回りなので，
スプレッドが投資によって獲得した本来の儲け（リターン）です。

　また何をベースレートとするかによって，スプレッドは違ってきます。

　なぜなら，国債と銀行間取引金利の金利水準が違うからです。

　日本の銀行の場合は，TIBORを基準に融資を行います。TIBORをベース
レートとした場合は，TIBORと貸出金利との差がスプレッドです。銀行の融
資の場合は，貸出金利自体よりも，**スプレッドがどれだけに設定されているか
が，リターンの判断基準**となっています。

　投資を行う場合も，デリバティブ取引を行う場合も，考え方は同じです。い
くらのリターンを確保するかは，リスクフリーレートが１％のときと，10％の
ときでは違ってきます。リスクフリーレートが１％の時に10％を稼ぐと，ヒー
ローのように扱われるかもしれませんが，リスクフリーレートが10％の時に
10％のリターンしか上げられないと，運用のパフォーマンスが悪いといわれて
しまいます。

4. リターンの計算方法

✦ ✦ ✦

加藤さん：だから「金利」よりも「スプレッド」が大切なんですね。よくわかりました。

ところで，昨日サービサーから，額面120の２年間の貸付金を100で購入してくれという依頼があったので，投資リターンを計算していました。虎ノ門銀行の計算フォーマットに入れると，利回りが変な数値になっているんです。

私は，『(120−100) ÷100÷２＝10%』だと思っているのですが，このフォーマット，壊れているんですか？

鈴木課長：それは，加藤さんが単利で計算してるからだよ。

✦ ✦ ✦

利回り（リターン）を計算する方法は複数存在しています。

投資額が100，２年後に120になる場合，利回りは計算方法によって，数値が違ってきます。

それぞれの計算方法が意味していることをよく理解しておかなければ，正しく投資判断を行うことはできませんので，ここで触れていきます。

（１） 単利の計算方法

上記のケースを単純に考えると，投資額の20%が２年間で増えています。「単利」で計算する場合，

利回り＝（回収額−投資額）÷投資額÷年数
　　　　＝(120−100)÷100÷２年＝10%

となります。

単利は，元本だけに利子が付くと考える計算方法です。この計算方法は，後で説明する複利と異なり，１年目と２年目に発生するキャッシュ・フローの価値は等しいと考えます。単利で計算すると，次の**図表２−６**と**２−７**は同じ

10％のリターンです。

【図表2－6：単利10％の投資1】

	1年目	2年目	合計
利息	10	10	20
元本	0	100	100
キャッシュ・フロー	10	110	120

【図表2－7：単利10％の投資2】

	1年目	2年目	合計
利息	0	20	20
元本	0	100	100
キャッシュ・フロー	0	120	120

　すなわち，時間的な価値を一切加味しないのが，「単利」です。

　単利は，時間的価値を考慮しないので，投資判断にはあまり利用しません。

（2）　複利の計算方法（時間的価値を理解する）

　次に，複利の計算方法を説明します。

　たとえば，年率10％の投資をする場合，元本100を1年間投資した後の金額は，$100 \times (1 + 10\%) = 110$です。

　複利とは，元本と利子を合わせた金額に対して利子が付く計算方法なので，出た利益をそのまま再投資したとして計算します。複利10％で元本100を2年間投資した場合，$100 \times (1 + 10\%) \times (1 + 10\%) = 121$です。

　単利は，元本（100）にしか利息が付かないと考えるので2年後の投資価値は$100 \times (1 + 10\% \times 2) = 120$です。複利は1年後の110に対して10％の利息が付くので，2年後は$110 \times (1 + 10\%) = 121$となるのです。複利で計算すると，**図表2－8と2－9は同じ10％の利回りです。**

【図表 2 - 8：複利10％の投資 1 】

	1 年目	2 年目	合計
利息	10	11	21
元本	0	100	100
キャッシュ・フロー	10	111	121

【図表 2 - 9：複利10％の投資 2 】

	1 年目	2 年目	合計
利息	0	21	21
元本	0	100	100
キャッシュ・フロー	0	121	121

このように，投資額が100で 2 年後に120になる場合は，複利で計算すると9.54％なので，単利と異なり利回りは10％にはなりません。

$$複利 = \sqrt{(120 \div 100)} - 1 = 9.54\%$$

5. イールドカーブとは

◆ ◆ ◆

虎ノ門銀行の加藤さんは，取引先を訪問する際に，虎ノ門銀行が作成したデリバティブ取引の提案資料をもとに営業をしていますが，取引先から内容について質問を受ける機会が増えてきました。

加藤さん：提案資料に出てくる「イールドカーブ」や「ボラティリティ」という用語について，取引先に誤解の内容に説明できているのかが，最近不安になってきました。鈴木課長は，どうやって説明していますか？

鈴木課長：加藤さんは，なかなか勉強熱心だね。「イールドカーブ」については，……。

◆ ◆ ◆

（1）　イールドカーブが必要な理由

　イールドカーブとは，基準金利（リスクフリーレート）を年限ごとにつなぎ合わせていった利回り曲線のことです。

　デリバティブの時価評価額は，将来キャッシュ・フローの割引現在価値なので，イールドカーブを利用して評価します。イールドカーブをどのように利用しているかについて，事例をもとに解説します。

　なお，本書執筆時点の2021年10月時点では，世界的に中央銀行が金融緩和政策を行っており，異常ともいえる低金利（またはマイナス金利）の状態にあります。デリバティブの時価評価額が異常値になる可能性があるため，本書で掲載しているイールドカーブは，架空のもの，または金融緩和政策の実施前水準のものを掲載しています。本書をご覧いただく時点の金利水準とは乖離している可能性がありますが，ご了承ください。

残存期間2.5年，額面100の銀行が発行する割引債（利払いのない債券）への投資を検討しています。スワップレートが**図表２‐10**の場合，この割引債の価格が算定しなさい。なお，割引計算はスワップレートで行う（スプレッドはゼロ）ものとします。

【図表２‐10：ある時点のスワップレート】

期間	金利（％）
1 年	0.25
2 年	0.35
3 年	0.40
5 年	0.50
7 年	0.60
10年	0.75
20年	1.40
30年	1.80

＜解説＞

この割引債の評価額は，2.5年後に発生する元本償還のキャッシュ・フロー

（100）について，スワップレートを用いて割引現在価値を算定して求めます。

　まず，図表 2 - 10のスワップレートは対象年限ごとなので，2.5年のレートがありません。本事例では，2 年と 3 年のスワップレートを用いて，線形補間（詳細は後述）で2.5年のレートを計算します。

　2.5年のスワップレート
　＝（ 2 年のスワップレート＋ 3 年のスワップレート）÷ 2
　＝（0.35％＋0.4％）÷ 2
　＝0.375％

　この割引債の割引率は0.375％なので，2.5年後のキャッシュ・フロー100の現在価値を計算すると，以下のようになります。

$$\text{割引債の評価額} = \frac{\text{キャッシュ・フロー}}{(1＋\text{割引率})^{経過年数}} = \frac{100}{(1＋0.375\%)^{2.5}}$$
$$＝99.07円 \text{（小数点以下第 3 位を四捨五入）}$$

　このように，割引計算の対象とする年限とスワップレートの年限が一致しているということはほとんどありません。したがって，近い年限のスワップレートから補間して対象の割引率を求める必要があります。

　また，ほとんどのデリバティブは，キャッシュ・フローの発生回数が 1 回だけではなく，複数回発生します。たとえば，「6 カ月後，1 年後，1.5年後，2 年後，2.5年後，3 年後，3.5年後，…」といった具合です。発生年数ごとに割引率が異なりますので，発生するキャッシュ・フローの現在価値は当然異なります。つまり，6 カ月後と3.5年後のキャッシュ・フローは価値が異なるので，複数のキャッシュ・フローの現在価値を求めるためには，複数の割引率が必要になります。評価の際に利用する割引率を一般化したものがイールドカーブなので，デリバティブ評価において，イールドカーブが必要になってくる理由がわかると思います。

　ちなみに，イールドカーブは，その時点での市場の期待利回りを示すものですので，市場の予想が大きく影響します。一般的には，短期金利は金融政策によって決定され，長期金利は将来の物価変動や金利に関する予想で決定される

と考えられています。

　イールドカーブの形は，長期金利と短期金利の市場予想によって著しく違ってきます。大きく分けると，「順イールド」と「逆イールド」という区分をされます。

　図表 2 - 11のように右上がりの利回り曲線を，「順イールド」といいます。理論上は，将来金利が上がると予想されており，短期金利よりも長期金利が高くなることを表しています。

　図表 2 - 12のように右下がりの利回り曲線を，「逆イールド」といいます。理論上は，将来金利が下がると予想されており，長期金利よりも短期金利が高くなることを表しています。

　ここで，各国の金融緩和政策の影響が少なかった2015年 8 月末時点の日本円LIBORとスワップレートから作成したイールドカーブ（**図表 2 - 13**）は，おおむね順イールドとなっています。

【図表 2 - 11：順イールドの形状】

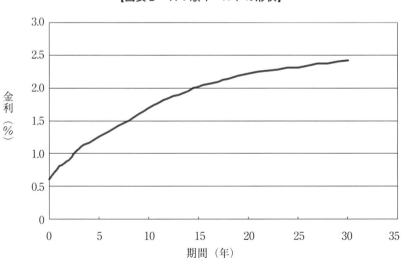

【図表 2 - 12：逆イールドの形状】

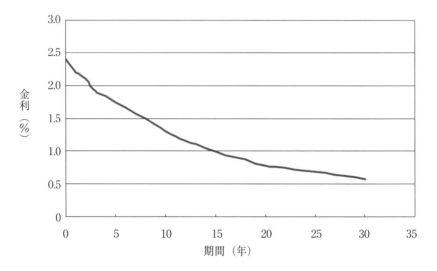

【図表 2 - 13：2015年 8 月末時点の日本円のイールドカーブ】

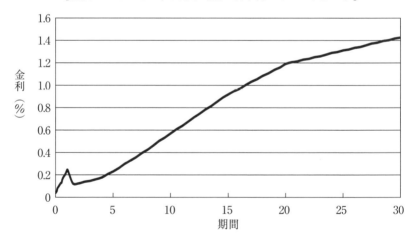

　なお，日本円の金利は比較的「順イールド」に近い形になるのですが，他の通貨では大きく形が違っている場合もあります。

　たとえば，**図表 2 - 14**と **2 - 15**は，2015年 8 月末を基準とした米ドルと日本円のイールドカーブの当日（2015年 8 月末），前年（2014年 8 月末）， 5 年前

【図表2－14：2015年8月末を基準とした米ドルのイールドカーブ】

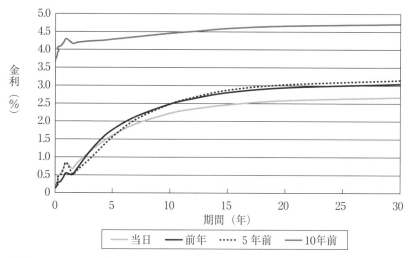

出所：Bloombergより作成。

【図表2－15：2015年8月末を基準とした日本円のイールドカーブ】

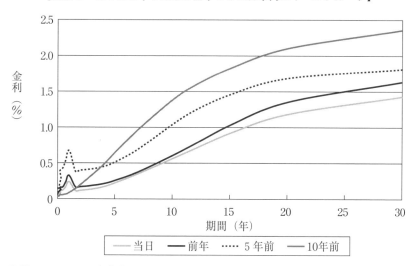

出所：Bloombergより作成。

（2010年 8 月末），10年前（2005年 8 月末）を比較したものです。日本円のイールドカーブは，形状はほとんど変化はありません。

　一方，米ドルについては，2010年 8 月〜2015年 8 月は比較的「順イールド」に近いものの，2005年 8 月末時点は短期金利と長期金利がほとんど同じ水準です。

　このようなイールドカーブの形状は，金利が将来的に変動しないと市場が予想していることを表しています。イールドカーブは必ずしも同じ形状になるわけではありません。

（2）　イールドカーブの作成方法

　次に，イールドカーブの作成方法について述べます。リスクフリーレートの箇所でも説明しましたが，一般的に利用される基準金利は，国債，TIBORなどの金利指標とスワップレートです。

①　国債によるイールドカーブの作成

　国債からイールドカーブを作成する場合は，取引されている国債の利回りを繋いで作成します。

　国債は種類も多いので，どの国債を利用してイールドカーブを作成するかということも議論が分かれる部分ではありますが，発行量・取引量が少ない国債を利用してイールドカーブを作成することは，なるべく避けたほうが良いことは確かです。最も発行量・取引量が多いのが10年国債なので，イールドカーブは，たとえば下記のように作成します。

【イールドカーブの作成の例】
- 10年国債が存在する期間は，10年国債の複利最終利回りを採用
- 10年国債が存在しない期間は，20年国債の複利最終利回りを採用
- 20年国債が存在しない期間は，30年国債の複利最終利回りを採用

※各金融機関によって，イールドカーブの作成方法は異なります。上記はあくまで一例です。

　ただ，理屈上はこのような方法でイールドカーブを作成できるのですが，国債でイールドカーブを作成するのはなかなか大変です。

図表 2 - 16は，2015年 8 月末時点で発行されていた10年国債のうち，期日が短いものから10銘柄ピックアップしたものですが，10銘柄のデータを利用しても 1 年間のイールドカーブしか作成できません。10年国債で10年間のイールドカーブを作成しようとした場合，100銘柄近く利用しなければなりません。

20年国債も30年国債も相当数存在しているので，イールドカーブを作成するのに大量の国債データが必要です。

また，図表 2 - 16の長期国債277，278，279回のように**償還期日が同じ国債が存在**しており，どのような基準でどちらを採用するかという点も整理しなければなりません。

【図表 2 - 16：10年長期国債の償還期日と2015年 8 月末時点の利回り】

銘　　柄	償還期日	年　　数	複利利回り（%）
長期国債 272	2015/9/20	0.05	0.122
長期国債 273	2015/9/20	0.05	0.039
長期国債 274	2015/12/20	0.30	0.02
長期国債 275	2015/12/20	0.30	0.018
長期国債 276	2015/12/20	0.30	0.021
長期国債 277	2016/3/20	0.55	0.009
長期国債 278	2016/3/20	0.55	0.011
長期国債 279	2016/3/20	0.55	0.012
長期国債 281	2016/6/20	0.81	0.001
長期国債 282	2016/9/20	1.06	0.002

出所：日本証券業協会公表「公社債店頭売買参考統計値」から一部抜粋。

日本証券業協会が公表している公社債店頭売買参考統計値の10年国債複利利回りから作成した国債のイールドカーブが，**図表 2 - 17**です。

【図表 2 – 17：2015年 8 月末時点の国債利回り】

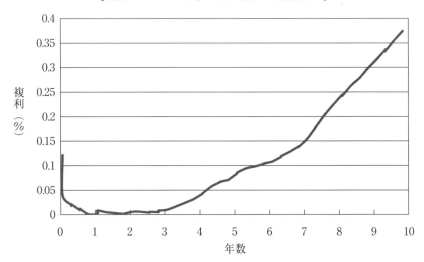

出所：日本証券業協会公表「公社債店頭売買参考統計値」から作成。

②　金利指標とスワップレートによるイールドカーブの作成

　デリバティブにおいて参照される金利指標はさまざまなものがあり，参照する金利指標によって開示されている期間（１カ月，３カ月など）が異なります。日本においてリスクフリーレート（RFR）とされているTONAは，無担保コールオーバーナイト物取引のレートなので，期間１日のレートです。TONAをイールドカーブとして利用するためには，OIS（Overnight Index Swap）などによって複利換算した期間レート（１カ月，３カ月など）にする必要があります。銀行間取引金利であるTIBORは１年までのレートが開示されており，１年超（以上）のレートはスワップレートを利用してイールドカーブを作成します。

　ここでは，TIBORを例にしてイールドカーブの作成方法を説明します。

ⅰ）　O/N（オーバーナイト：翌日返済）金利は，無担保コールオーバーナイト物を利用

ⅱ）　１年内の金利は，TIBORを利用

ⅲ）　1年超の金利は，スワップレートを利用

ⅰ）については，そのままTIBORのO/Nを利用するケースもありますが，無担保コール金利（金融機関同士がコール市場において，担保なしで，短期資金を借りる際の金利）を利用するケースもあります。ただ，どちらを使ってもあまり差はないと思います。

ⅲ）については，スワップレートが変動金利であるTIBORを固定化する際に利用する金利です。

ⅱ）の銀行間取引金利は1年以下の金利，ⅲ）のスワップレートは1年以上の金利なので，ちょうど1年の時点では両方の金利が存在しています。この際に，どちらのレートを利用するかということは，各金融機関によって異なるので，どちらが正解ということはないと思います。

図表2‐18に掲載した無担コール（O/N），TIBOR，スワップレートの数値を利用して，イールドカーブを図表2‐19のように作成します。

【図表 2 ‑18：イールドカーブ作成のための元データ】

・無担コール

期間	金利（％）
O/N	0.05

・TIBOR

期間	金利（％）
1 カ月	0.10
3 カ月	0.15
6 カ月	0.18
12カ月	0.25

・スワップレート

期間	金利（％）
1 年	0.25
2 年	0.35
3 年	0.40
5 年	0.50
7 年	0.60
10年	0.75
20年	1.40
30年	1.80

【図表 2 ‑19：イールドカーブに利用した金利の種類とその数値】

期間	年数	金利の種類	金利
O/N	0.00274	無担コール	0.05%
1 カ月	0.083333	TIBOR	0.10%
3 カ月	0.25	TIBOR	0.15%
6 カ月	0.5	TIBOR	0.18%
1 年	1	TIBOR	0.25%
2 年	2	スワップレート	0.35%
3 年	3	スワップレート	0.40%
5 年	5	スワップレート	0.50%
7 年	7	スワップレート	0.60%
10年	10	スワップレート	0.75%
20年	20	スワップレート	1.40%
30年	30	スワップレート	1.80%

イールドカーブをグラフ化したのが，**図表 2 ‑20**です。

【図表2－20：作成したイールドカーブ】

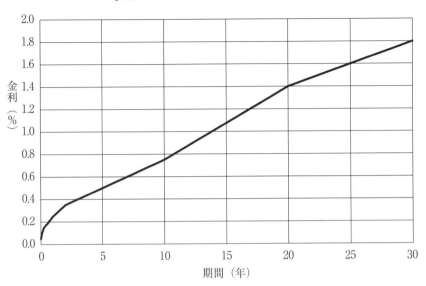

（3）　ディスカウント・ファクター

　デリバティブを評価する際には，ディスカウント・ファクター（Discount Factor。以下で「DF」と略して記載する場合があります）という用語がよく登場します。イールドカーブは「金利○％」というように表されるのに対し，ディスカウント・ファクターは，将来のキャッシュ・フローを現在価値に割り戻すための係数です。数値例で簡単に説明します。

　たとえば，割引率5％で5年後に発生する100円の現在価値は78.35円です。

$$現在価値 = 100 \times \frac{1}{\left(1+5\%\right)^5} = 100 \times 0.7835 = 78.35 円$$

　年5％の複利で（毎年5％ずつ金利が掛かっていると仮定して）現在価値計算しているわけですが，この際の現在価値係数は $\dfrac{1}{\left(1+5\%\right)^5} = 0.7835$ です。

　この現在価値係数0.7835がディスカウント・ファクターです。金融や不動産

関連のテキストに出てくる「年金現価率」と呼ばれるものと同じです。割引率は年数を乗じて計算する必要がありますが，ディスカウント・ファクターはそのまま掛け算すればよいだけなので，計算するのが楽なのです。

（4） ブートストラップ法

ディスカウント・ファクターを算定する方法に，ブートストラップ法があります。具体的には下記の計算式で算定します。

【ブートストラップ法の計算式】

$$DF_i = \frac{1 - r_i \cdot \sum_{k=1}^{i-1} DF_k}{1 + r_i}$$

DF_i：i回目の決済におけるディスカウント・ファクター

r_i　：i回目の決済における基準金利

i　：時点（i回目の決済）

k　：変数（ここでは，$k = 1, 2, \cdots, i-1$）

ブートストラップ法は$i-1$で計算したDFを利用してiのDFを算定しています。さらに，計算期間は年単位なので，下記のようにΔtを加えた計算式のほうが理解しやすいかもしれません。

【計算基準期間を加えたブートストラップ法】

$$DF_i = \frac{1 - r_i \cdot \Delta t \cdot \sum_{k=1}^{i-1} DF_k}{1 + r_i \cdot \Delta t}$$

DF_i：i回目の決済におけるディスカウント・ファクター

r_i　：i回目の決済における基準金利

i　：時点（i回目の決済）

k　：変数（ここでは，$k = 1, 2, \cdots, i-1$）

Δt：決済の間隔（年）

図表2-20の金利を基に，ブートストラップ法で0.5年，1年，1.5年，2年

【図表2‐21：ブートストラップ法によるDFの計算】

年数	金利	DF	計　算　式
0.5	0.18%	0.999101	$\dfrac{1}{1+0.18\% \times 0.5\text{年}}$
1.0	0.25%	0.997504	$\dfrac{1-0.25\% \times 0.5\text{年} \times 0.999101}{1+0.25\% \times 0.5\text{年}}$
1.5	0.30%	0.995512	$\dfrac{1-0.30\% \times 0.5\text{年} \times (0.999101+0.997504)}{1+0.30\% \times 0.5\text{年}}$
2.0	0.35%	0.993026	$\dfrac{1-0.35\% \times 0.5\text{年} \times (0.999101+0.997504+0.995512)}{1+0.35\% \times 0.5\text{年}}$

※1.5年の金利は，1年と2年の金利を線形補間(後述)して計算している。

のディスカウント・ファクター（DF）を求める場合，**図表2‐21**のように計算します。

（5）　補間方法について

本章『5．（1）イールドカーブが必要な理由』でも説明したとおり，評価する期間（年数）と金利指標の公表年限は一致しないため，ディスカウント・ファクターを使って計算する場合は，補間（間の値を求めること）が必要です。

補間の方法には，大きく分けて次の2種類があります。

- 線形補間
- 非線形補間

①　線形補間の方法

まず，線形補間は2点の間から直線的に求める方法です。例題を用いて説明します。

> **例題**
>
> 図表 2 – 22のような年数と金利が存在する場合，2.3年の金利を線形補間で求めましょう。

【図表 2 – 22：年数と金利】

年数	金利
1	0.55
2	0.60
3	0.70
4	0.75
5	0.90

【解答例】

　この場合は，**図表 2 – 23**のように，**2 年と 3 年の値だけを利用して**2.3年の値を求めます。

【図表 2 – 23：線形補間による算定】

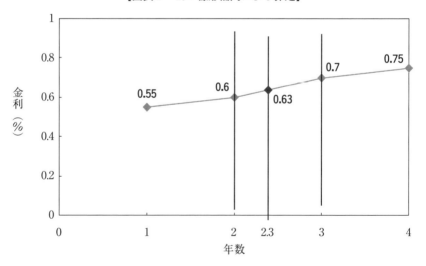

　これを**図表 2 – 24**のような一般化したもので示すと，

$$y = \frac{y_0 \times (x_1 - x) + y_1 \times (x - x_0)}{x_1 - x_0}$$

となります。例題の数値で計算すると，

$$2.3年の金利 = \frac{0.6\% \times (3 - 2.3) + 0.7\% \times (2.3 - 2)}{3 - 2} = 0.63\%$$

となります。

【図表2－24：一般化した補間方法】

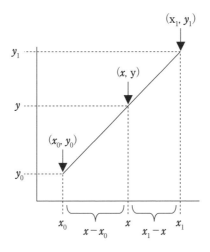

②　非線形補間の方法（スプライン補間）

　非線形補間として，ここでは，3次スプライン補間について説明します。具体的にどのような方法かを解説しましょう。

　これは，年限の短いものから順番に計算していく方法ですが，前提としては，先ほどと同じように2点だけを使って作成するわけではなく，以前の期間の構造を引きずって作成される点が異なります。エクセルでグラフを作成する際に，図表2－23のように直線的にグラフを作成するのではなく，図表2－25のように滑らかな曲線のグラフを作成するのと似ています。

【図表 2 – 25：滑らかなグラフ】

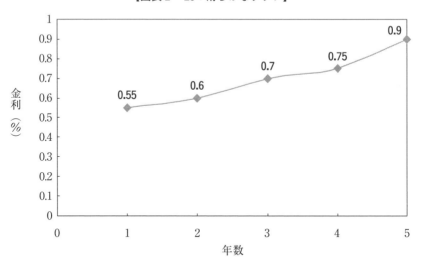

細かい点まで触れていくと，数学の話になってしまうので，作成方法を例題を用いて解説します。

 例 題

図表 2 – 26のような年数と金利が存在する場合，2.3年の金利をスプライン補間で求めましょう。

【図表 2 – 26：年数と金利】

年数	金利
1	0.30
2	0.60
3	0.65

【解答例】

3次スプライン補間は，図表 2 – 27のように数値がわかっている期間ごとにぶつ切りにし，期間Ⅰ～期間Ⅱのように区切って計算していきます。

【図表2−27：スプライン補間の計算方法】

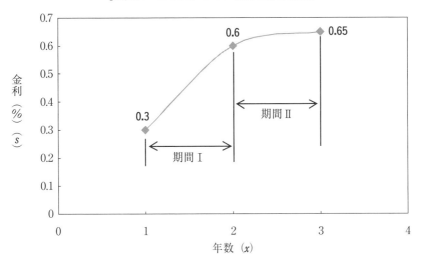

3次スプライン補間は3次関数なので，一般化すると下記のような数式で表されます。

$$S_i = a_i(x - x_i)^3 + b_i(x - x_i)^2 + c_i(x - x_i) + d_i$$
$$i = 0, 1, 2, \cdots, N-1$$

式中のxとx_iは年数なので，金利S_iを計算するためにはa_i，b_i，c_i，d_iを求める必要があります。

これを各時点に置き換えると，

$$S_1 = a_1(x-1)^3 + b_1(x-1)^2 + c_1(x-1) + d_1$$
$$S_2 = a_2(x-2)^3 + b_2(x-2)^2 + c_2(x-2) + d_2$$

となります。

スプライン補間は，各区間が連続で滑らかに流れていかなければならないので，各区間の境界地点では，以下のような性質を持っています。

ⅰ）　前後の区間の境界地点では，傾き（1次微分）は等しくなる

ⅱ）　前後の区間の境界地点では，傾きの変化率（2次微分）は等しくなる

iii) 両端（開始時点と終了時点）では傾きの変化率（2次微分）はゼロになる

　高校生時代に習った数学を駆使して，計算してみましょう。

　まず，期間Ⅰの式から計算します。境界時点（$x = x_i = 1$）での値はわかっていますので，こちらからまず計算します。1年目の金利は0.3%なので，S_1に代入すると，

$$0.3\% = a_1(1-1)^3 + b_1(1-1)^2 + c_1(1-1) + d_1$$

から，$d_1 = 0.3\%$ を求めます。

　次に，2年目（$x = 2$）の金利は0.6%です。これをS_1に代入すると

$$0.6\% = a_1(2-1)^3 + b_1(2-1)^2 + c_1(2-1) + 0.3\%$$

から，

$$a_1 + b_1 + c_1 = 0.3\% \quad \cdots \cdots 式①$$

です。

　また，期間Ⅰの式を1次微分，2次微分したものは，

1次微分　　　$S_1' = 3a_1(x-1)^2 + 2b_1(x-1) + c_1$

2次微分　　　$S_1'' = 6a_1(x-1) + 2b_1$

です。開始時点（$x = 1$）での傾きの変化率（2次微分）はゼロになるので，

$0 = 6a_1(1-1) + 2b_1$ から，$b_1 = 0$ となります。

　2年目の2次微分は $b_1 = 0$ から，

$$S_1''(2) = 6a_1(2-1) + 0 = 6a_1$$

となり，2年目の1次微分は，$b_1 = 0$ から，

$$S_1'(2) = 3a_1(2-1)^2 + 2 \cdot 0(2-1) + c_1 = 3a_1 + c_1$$

となります。

なお，式①に $b_1 = 0$ を代入すると，

$$a_1 + 0 + c_1 = 0.3\%$$
$$c_1 = 0.3\% - a_1$$

‥‥式②

となります。

同様に，期間Ⅱの式について考えていくと，まず，境界条件として 2 年目（$x = 2$）の金利が0.6%です。これを S_2 に代入すると，

$$0.6\% = a_2(2-2)^3 + b_2(2-2)^2 + c_2(2-2) + d_2$$
$$d_2 = 0.6\%$$

となります。

同様に，3 年目（$x = 3$）の金利は0.65%です。これを S_2 に代入すると，

$$0.65\% = a_2(3-2)^3 + b_2(3-2)^2 + c_2(3-2) + 0.6\%$$
$$a_2 + b_2 + c_2 = 0.05\%$$

‥‥式③

となります。

また，S_2 を 1 次微分，2 次微分したものは，

1 次微分　　$S_2' = 3a_2(x-2)^2 + 2b_2(x-2) + c_2$

2 次微分　　$S_2'' = 6a_2(x-2) + 2b_2$

となり，終了時点（3 年目）での傾きの変化率（2 次微分）は，ゼロになるので，S_2 の 3 年目の 2 次微分はゼロという条件から，

$$0 = 6a_2(3-2) + 2b_2$$
$$b_2 = -3a_2$$

となります。

式③に $b_2 = -3a_2$ を代入すると，

$$a_2 - a_2 + c_2 = 0.05\%$$
$$c_2 = 2a_2 + 0.05\% \quad \cdots \text{式④}$$

となります。

　2年目のS_1とS_2は滑らかに繋がっているので，S_1の2年目の1次微分＝S_2の2年目の1次微分

$$S_1{'}(2) = S_2{'}(2) \quad \text{すなわち，} \quad 3a_1 + c_1 = c_2$$

$$3a_1 + (0.3\% - a_1) = 2a_2 + 0.05\%$$

$$a_2 = a_1 + 0.125\% \quad \cdots \text{式⑤}$$

S_1の2年目の2次微分＝S2の2年目の2次微分

$$S_1{''}(2) = S_2{''}(2) \quad \text{すなわち，} \quad 6a_1 = 2b_2$$

$$6a_1 = -6a_2 \quad \cdots \text{式⑥}$$
$$a_2 = -a_1$$

式⑤と⑥から，$a_1 = -0.0625\%$，$a_2 = 0.0625\%$となります。

　これを利用すると，期間Ⅰの式の係数については，下記のように表すことができます。

$$a_1 = -0.0625\%$$
$$b_1 = 0$$
$$c_1 = 0.3625\%$$
$$d_1 = 0.3\%$$

　同様に，期間Ⅱの式の係数についても，下記のように表すことができます。

$$a_2 = 0.0625\%$$
$$b_2 = -0.1875\%$$
$$c_2 = 0.175\%$$
$$d_2 = 0.6\%$$

　以上から期間Ⅰと期間Ⅱの式は,

$$S_1 = -0.0625\% \cdot (x-1)^3 + 0.3625\% \cdot (x-1) + 0.3\%$$
$$S_2 = 0.0625\% \cdot (x-2)^3 - 0.1875\% \cdot (x-2)^2 + 0.175\% \cdot (x-2) + 0.6\%$$

であることがわかりました。

　さて, 2.3年の金利をスプライン補間で計算すると, 期間Ⅱの式に代入すればよいため,

$$S_2(2.3) = 0.0625\% \cdot (2.3-2)^3 - 0.1875\% \cdot (2.3-2)^2 + 0.175\% \cdot (2.3-2) + 0.6\%$$

$$= 0.6373125\%$$

と計算されました。

6. ボラティリティ

◆ ◆ ◆

加藤さん：「イールドカーブ」って, そういうことだったんですね。非線形補間は少しついていけませんでしたが, 他はなんとか理解できました。

鈴木課長：そんなに影響ないから, 実務で使うには線形補間でもいいと思うよ。あと, 国債で計算するのは面倒だから, ほとんどのケースは金利指標しか使ってないんだ。

加藤さん：ところで, 取引先に持っていく資料を見ていると, オプション価値が「ボラティリティ」に大きく影響を受けているようなんですが, 具体的にはどういうことなんですか？

鈴木課長：オプションの場合は, 発生する確率が高いほど価格が高くなるんだけど, ボラティリティが大きく影響するんだ。そもそもボラティリティは……。

◆ ◆ ◆

（1） ボラティリティとは

　ボラティリティはデリバティブの評価に大きな影響を与えます。ボラティリティは，変化率の標準偏差を示すもので，簡単にいうと，**「どれだけ値動きが荒いか？」**ということを示すリスク指標です。リスクが高いということは不確実性が高いので，その大きさを示すのがボラティリティといえます。

　たとえば，株価100円の銘柄について，ボラティリティ20％（年率）とボラティリティ100％をそれぞれ利用して2年間のモンテカルロ・シミュレーションを行った際の株価推移を作成したものが**図表2-28**と**図表2-29**です。この2つを比較すると，ボラティリティが大きいほう（図表2-29）が値動きが荒いことがわかります。

　たとえば，ボラティリティが20％（年率）の場合は，株価が200円（現在の株価の2倍）を超えるケースはほとんど発生していませんが，ボラティリティが100％（年率）の場合は，かなり発生しています。

　為替でも金利でも同じで，ボラティリティが大きいほうが，値動きが荒くなります。

【図表2-28：ボラティリティ20％のシミュレーションサンプル】

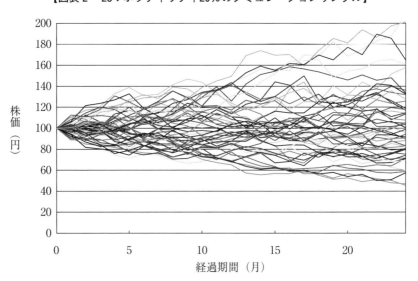

【図表 2 – 29：ボラティリティ100％のシミュレーションサンプル】

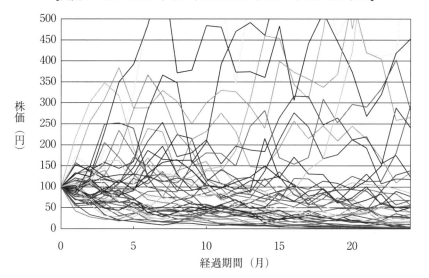

（2）　ボラティリティと標準偏差

　それでは，具体的にボラティリティは何を示しているのでしょうか？　「ボラティリティが20％」といった場合の20％とは，標準偏差（下記でσ（シグマ）と表記する場合があります）の大きさ（ここでは，価格変化率）を表しています。株価等の分布は正規分布を前提にしていて，発生確率と変化率の分布が決まっています。

　ボラティリティは，**「正規分布における１標準偏差の変化率がどれくらいか？」**を示しています。

　正規分布を前提にすると，株価が±１標準偏差（σ）の区間に発生する確率は，上下合計で68.2％です。すなわち，**図表2 – 30**の変化しない（0）を起点にして，株価が上昇して＋１σまでの間（中心から右側の網掛け箇所）に収まるのが34.1％，株価が下落して－１σまでの間（中心から左側の網掛け箇所）に収まるのが34.1％です。また，株価が±１σを超えて上昇・下落する確率はそれぞれ15.9％です。

【図表 2 – 30：標準偏差±１の発生確率】

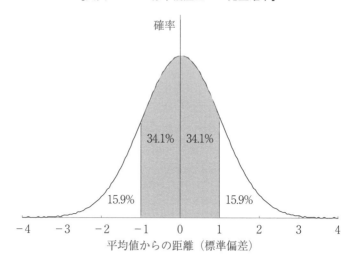

株価100円，ボラティリティ（年率）が20％の場合，１年後の株価は，変化率0％（株価100円）を基準にして，－20％（－１σ）である80円（＝100円×（１－20％））までの間に収まる確率は34.1％です（**図表 2 – 31**）。同様に，１年後に＋20％（＋１σ）である120円（＝100円×（１＋20％））までの間に収

【図表 2 – 31：ボラティリティ20％（年率）の１年間の株価変化】

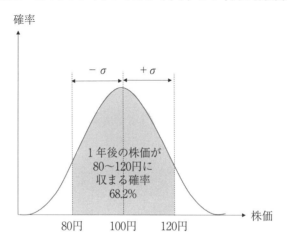

まる確率は34.1％です。すなわち，１年後の株価が80円〜120円の間に収まる
確率は68.2％です（図表２−31）。

標準正規分布を前提として，95％の確率に収まる株価は，±1.96σの区間と
なりますが，図表２−32のように，上下2.5％の株価変化確率を除いた分布を
意味します。

【図表２−32：両側95％信頼区間】

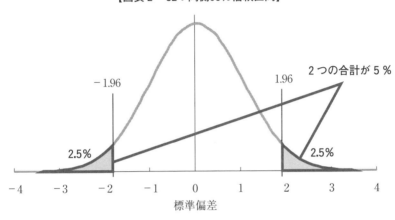

なお，標準正規分布は，表計算ソフトExcelのNORMSDIST関数やNORM-
SINV関数で計算することができます。

NORMSDIST関数：標準正規累積分布関数の値を算定

NORMSINV関数：標準正規累積分布関数の逆関数の値を算定

NORMSDISTやNORMSINVなどの確率関数は，マイナス方向から計算を行
うので，下から2.5％のσ区間を求めるには，下記のように計算します。

下から2.5％のσ区間＝NORMSINV（0.025）＝−1.96

上から2.5％のσ区間は，下から考えると97.5％（100％−2.5％）にあるため，
下記のように計算します。

上から2.5％のσ区間＝NORMSINV（0.975）＝＋1.96

　下からの発生する確率に応じたσ区間をNORMSINV関数で計算したのが，**図表2-33**です。後で説明するモンテカルロ・シミュレーションは，発生確率を0%から100%までの間でランダムに発生させることによって，標準正規分布による株価変動を作成します。

【図表2-33：発生確率に応じたσ区間】

期間	σ区間
5%	-1.64
10%	-1.28
20%	-0.84
30%	-0.52
40%	-0.25
50%	0.00
60%	0.25
70%	0.52
80%	0.84
90%	1.28
95%	1.64

　たとえば，株価100円のボラティリティが20%の場合，「正規分布を前提とした場合，39.2円（1.96×100円×20%）以上株価が上昇・下落する確率が5%（両側信頼区間）」です（図表2-32）。

【図表2-34：片側信頼区間95%】

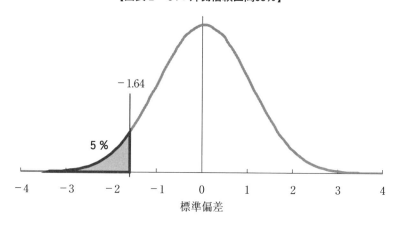

　片側信頼区間という場合は「株価が下落する場合」，「株価が上昇する場合」など一方のみについて考えます。

　片側信頼区間を使うと，「正規分布を前提とした場合，32.8円（1.64×100円×20％）以上株価が上昇（下落）する確率が5％」といえます（**図表2-34**）。

　なお，「ボラティリティが100％を超える場合，株価がマイナスになってしまうのでは？」と思われる方がいるかも知れませんが，計算上は，株価変動を年単位ではなく，月・週・日などで計算するので（たとえば，前日と比較して○％の増加・下落），株価が0円やマイナスになるということはありません。

（3）　ボラティリティの計算方法（ヒストリカル・ボラティリティ，インプライド・ボラティリティ）

　ボラティリティの種類は，大きく以下の2つがあります。

　オプションのトレーダー等によって取引が行われているOTCデリバティブ（相対でのデリバティブ取引）等に関しては，インプライド・ボラティリティが用いられます。それ以外のオプションは，一般的にヒストリカル・ボラティリティを用いてオプション価値の算出が行われます。

　ヒストリカル・ボラティリティは，**過去の株価や金利の推移から計算される**価格変化率の標準偏差で，下記のように計算します。

【ボラティリティの計算式】

$$\text{ボラティリティ} = \sqrt{\frac{\sum_{i=1}^{n}\left(\left(\frac{Px_i}{Px_{i-1}}-1\right)-Av\right)^2}{n}}$$

$$Av = \frac{\sum_{i=1}^{n}\left(\frac{Px_i}{Px_{i-1}}-1\right)}{n}$$

　　Px_i：i時点の価格
　　n　：期間数（サンプル数）

　※変化率を$ln\left(\frac{Px_i}{Px_{i-1}}\right)$として計算する場合もあります。

　ちなみに，ボラティリティ（標準偏差）を2乗したものを分散と言います。計算式の分母は，「n（サンプル数）」とする方法と「n（サンプル数）－1」とする方法があります。「n（サンプル数）」とする場合は，母集団がnしかないと想定して標準偏差を計算しており，「n（サンプル数）－1」とする場合は，サンプルnから予測した母集団（nよりも多い）の標準偏差を計算しています。

　2年間を週次で計算した場合，2年×52週＝104週として，分母を104個（nの場合）とするのか103個（n－1）とするのかが違ってきます。分母には平方根（$\sqrt{}$）が掛かっていますので，10.20（$\sqrt{104}$）と10.15（$\sqrt{103}$）の違いとなり，正直，どちらで計算しても，それほど変わりません。どちらかというと，分母を「n－1」とするケースが多いとは思います。

　実際にボラティリティを計算してみましょう。**図表2－35**を例にすると，株価の月次推移から株価変動率（R＝当月株価÷前月株価－1）を計算し，その平均値（M＝0.007）との差額の2乗（分散）を計算します。分散の合計値をサンプル数で除した平方根（0.5乗）が標準偏差（月次）です。ここでは，期間数（サンプル数）はn＝12ですが，n－1＝11を分母にしています。

　なお，たまに間違った認識をしている人がいるのですが，ボラティリティは株価の標準偏差ではなく，株価の変動率の標準偏差（図表2－35のRの部分）です。株価の標準偏差を計算しても意味がありません。

　なお，ボラティリティは通常，年率換算した数値を利用しますが，どのように変動率を計算したかによって，年率換算に用いる数値が異なります。

　たとえば，日次の変動率を利用してボラティリティを計算した場合，計算されている数値は，日次のボラティリティ（1日当たりどれくらい変化するか）です。

　後述するブラック＝ショールズ・モデルでオプションプレミアムを計算する際に，$\sqrt{T}$（年数の平方根（$\sqrt{}$））を使用するように，年率換算を行う際にも，1年にするための倍数の平方根（$\sqrt{}$）を乗じて計算します。

　たとえば，営業日ベースで1年は約250日ですが，算定した日次ボラティリ

【図表2-35：ボラティリティの計算】

#	日付	株価	変動率 R	変動率ー平均値 R－M	分散 (R-M)²
0	12月31日	100			
1	1月31日	104	0.040	0.033	0.001
2	2月28日	102	−0.019	−0.026	0.001
3	3月31日	98	−0.039	−0.046	0.002
4	4月30日	99	0.010	0.003	0.000
5	5月31日	90	−0.091	−0.098	0.010
6	6月30日	103	0.144	0.137	0.019
7	7月31日	100	−0.029	−0.036	0.001
8	8月31日	91	−0.090	−0.097	0.009
9	9月30日	85	−0.066	−0.073	0.005
10	10月31日	98	0.153	0.146	0.021
11	11月30日	102	0.041	0.034	0.001
12	12月31日	105	0.029	0.022	0.001

変動率の平均値（M）	0.007	
分散の合計		0.071
分散÷11		0.006
標準偏差（月次）		0.081
標準偏差（年次）=標準偏差（月次）×$\sqrt{12}$		0.279

ティは，$\sqrt{250}$を乗じて，年率換算します。算定したボラティリティが週次の場合は，1年が52週なので$\sqrt{52}$，ボラティリティが月次だと1年が12カ月なので$\sqrt{12}$を乗じた年率換算します。

　図表2-35は月次なので算定した標準偏差（月次）0.081に$\sqrt{12}$を乗じて年率換算した標準偏差（年次）0.279を算定しています。

　ちなみに，標準偏差（ボラティリティ）の計算は，Excelでも簡単に計算できます。

　図表 2 – 36は同じ月次の 1 年間の株価推移から計算したボラティリティで，「STDEV」関数，または「STDEV.S」関数で計算しています。

【図表 2 – 36：ボラティリティのExcelでの計算例】

	A	B	C	D
1	#	日付	価格	変動率
2				R
3	0	12月31日	100	
4	1	1月31日	104	0.040
5	2	2月28日	102	-0.019
6	3	3月31日	98	-0.039
7	4	4月30日	99	0.010
8	5	5月31日	90	-0.091
9	6	6月30日	103	0.144
10	7	7月31日	100	-0.029
11	8	8月31日	91	-0.090
12	9	9月30日	85	-0.066
13	10	10月31日	98	0.153
14	11	11月30日	102	0.041
15	12	12月31日	105	0.029
16				
17		標準偏差（月次）		0.081
18				=STDEV(D4:D15)
19		標準偏差（年率）		0.279
20				=D17*SQRT(12)

　次に，インプライド・ボラティリティは，実際に取引されているオプション価格からブラック＝ショールズ・モデル等で逆算して算定したボラティリティのことです。これは，オプション取引を行っているトレーダーが，「 1 年後に金利が○％になるはず」といった予想が含まれた値となっています。

　ブラック＝ショールズ・モデルは，次頁に記載した確率微分方程式です。通常は，オプション価値を算定するために利用するのですが，オプション価値がすでにわかっている場合は，ボラティリティを逆算することができます。インプライド・ボラティリティは，実際の取引に用いたボラティリティといえます。

【ブラック＝ショールズ・モデル】

$$c = S_0 e^{-qT} N(d_1) - K e^{-rT} N(d_2)$$

$$d_1 : \frac{\ln(S_0/K) + (r - q + \sigma^2/2)T}{\sigma\sqrt{T}}, \ d_2 : d_1 - \sigma\sqrt{T}$$

c：コールオプションのプレミアム，$N(d_1)$：標準正規分布の累積密度関数
S_0：評価時の株価，K：権利行使価格
r：リスクフリーレート，T：満期までの期間（年），σ：ボラティリティ，
q：予想配当利回り

　ヒストリカル・ボラティリティとインプライド・ボラティリティを比較した
のが，**図表2 – 37**です。

　株式デリバティブを算定する際には，ほとんどインプライド・ボラティリ
ティを使用しませんが，金利・為替デリバティブのオプション価値を算定する
際には，インプライド・ボラティリティを利用することがあります。

【図表2 – 37：ヒストリカル・ボラティリティとインプライド・ボラティリティの比較】

種　類	内　　容	特　　徴
ヒストリカル・ボラティリティ	過去の価格推移から算出した過去の価格変化率の標準偏差。	・過去の価格から算定できるため，算定が容易。 ・過去の価格から算定していることから，客観性がある。
インプライド・ボラティリティ	現在から将来の価格変化率の標準偏差を予想したもの。	・取引されているオプション取引からBS式で逆算して算定する。 ・オプション・トレーダーの将来予想がボラティリティを決定しているため，主観性が強い。

（4）　ボラティリティの形状（**期間構造，ボラティリティ・スマイル**）

　ここでは，ボラティリティの形状について，説明します。

　ボラティリティは，金利と同様に年数に応じた期間構造（ターム・ストラク
チャー）を有しています。**図表2 – 38**は，サンプルで計算した銘柄のボラティ

リティの期間構造です。イールド・カーブのように，年限が大きくなるほど上昇するような規則性はありません。銘柄によって，すべて期間構造は異なるため，あまり形状自体は重要ではありません。ただし，年限によってボラティリティの水準が異なることは理解しておいて下さい。

【図表2‐38：ボラティリティの期間構造】

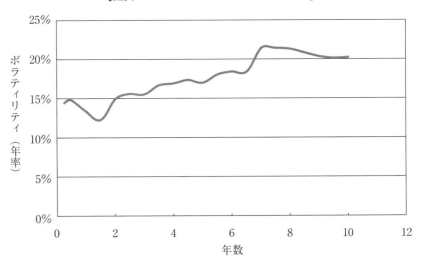

また，株式デリバティブではほとんど使用することはないのですが，金利・為替デリバティブでは，「ボラティリティ・スキュー（歪み）」や「ボラティリティ・スマイル」といわれる概念が登場することがあります。

オプションは，原資産価格（S。たとえば，株価）と行使価格（K）の大小関係によって価格が決まりますが，実は，ボラティリティも原資産価格と行使価格の関係，すなわち『S/Kレシオ』によって異なります。この原資産価格（S）と行使価格（K）に関連したボラティリティの変化を，「ボラティリティ・スキュー」または「ボラティリティ・スマイル」と呼びます。

【図表2‐39：ボラティリティ・スキュー】

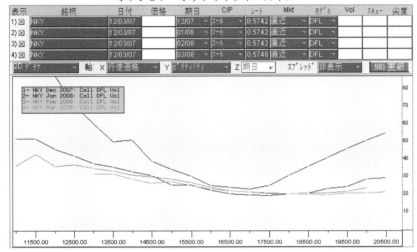

出所：Bloomberg

　前述のヒストリカル・ボラティリティは，正確にはアットザマネー（ATM）のボラティリティなので，インザマネー（ITM。S＞K）やアウトオブザマネー（OTM。S＜K）のボラティリティではありません。

　なお，"スマイル"と呼ばれるのは，笑っているように見えることからきているのですが，ターム・ストラクチャーと同様に，このボラティリティの行使価格と原資産価格の関係は，特に形が決まっているわけではありません。

7.　オプション評価モデル

　デリバティブ取引は，スワップ取引，先物/先渡取引，オプション取引の3つに分かれると説明をしましたが，実際には，すべてのデリバティブ取引をオプション取引として合成することができます。

　たとえば，為替予約取引の「1カ月後に1万ドルを100万円で購入する予約」は，オプション取引の「1カ月後に1万ドルを100万円で買う権利」を購入（コールのロング）して，「1カ月後に1万ドルを100万円で売る権利」を売却

（プットのショート）することと同じです。

　詳細については後で説明しますが，スワップ取引や先物/先渡取引の時価評価には，オプション評価モデルを利用することができます。

　オプション取引は，ほぼすべてのデリバティブ取引の基本形なので，ここでは，オプション評価モデルの概要を説明します。

　オプション評価モデルを説明するにあたって，ここでは，代表的なオプション取引である株式オプション（上場会社の新株予約権）をもとに説明を行います。評価方法の詳細については後述しますが，一定期間の株価変動の大きさ（ボラティリティ）によって，上場会社の新株予約権の価値を算定するため，株価と行使価格の差額（本源的価値）のみではなく，将来の相場変動によって生じるかもしれない利益（時間的価値）を考慮します。

　たとえば，**図表2−40**のように，現在の株価が130円の上場会社が行使価格100円で新株予約権を発行した後，株価が200円に上昇したとします。

　この場合，新株予約権を行使することによって，上昇時株価200円と行使価格100円の差額100円が利益（プレミアム）として発生します。

　プレミアム100円のうち，30円部分は本源的価値（発行時株価−行使価格）のため，発行後の株価変動によって発生する価値（時間的価値）は70円です。

【図表2　40：上場会社の新株予約権の価値】

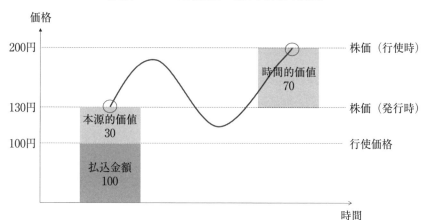

　図表2-40はあくまでイメージなので，将来的な株価がいくらになるかを予想して新株予約権の評価を行う訳ではありませんが，株式市場の相場変動（ボラティリティ）によって儲かるかもしれない価値（時間的価値）を加味する必要があるのです。

（1）ブラック=ショールズ・モデル

　ブラック=ショールズ・モデル（BSモデル）は，フィッシャー・ブラックとマイロン・ショールズが発表した，オプション評価に利用される最も有名な偏微分方程式です。BSモデルは，本来はヨーロピアン・オプション（満期時にしか権利行使をすることができないオプション取引）を評価するモデルですが，特殊な条件が入っていない限り，アメリカン・オプション（いつでも権利行使可能なオプション取引）も評価することができます。

　特殊な条件が付与されていない場合，後で説明する格子モデルやシミュレーション・モデルで計算した結果と，BSモデルで計算した結果は同じです。

　BSモデルは，ヨーロピアン・オプションの価値を，確率微分方程式を仮定することで定式化し，オプション価値を算出するものです。本来のBSモデルには配当支払による株価への影響（権利落ち価格）が考慮されていませんので，通常は，配当による権利落ちを調整するために，BSモデルを修正して使用します。

　ストック・オプションや投資家が投資する新株予約権は，コール・オプションですが，BSモデルでコール・オプションの価値を計算する場合には，次式で計算します。

【ブラック＝ショールズ・モデル（配当修正モデル）】

$$c = S_0 e^{-qT} N(d_1) - K e^{-rT} N(d_2)$$

$$d_1 = \frac{\ln\left(\dfrac{S_0}{K}\right) + \left(r - q + \dfrac{\sigma^2}{2}\right)T}{\sigma\sqrt{T}}, \quad d_2 = d_1 - \sigma\sqrt{T}$$

c：コールオプションのプレミアム

$N(d_i)$：標準正規分布の累積密度関数

S_0：評価時の株価

K：権利行使価格

r：リスクフリーレート

T：満期までの期間(年)

σ：ボラティリティ

q：予想配当利回り

　BSモデルを導出するまでの計算過程は複雑ですが，計算式自体は比較的単純で，金融電卓や表計算ソフトなどで簡単に計算することができます。具体的に，Excelで計算を行う場合は，どのようにすればいいか，説明します。

　まず，下記のような株式オプション（新株予約権）をBSモデルで評価を行います。

計 算 例
- 株価：100円（S）
- 行使価格：100円（K）
- 満期までの期間：2年（T）
- リスクフリーレート：1％（r）
- ボラティリティ（年率）：50％（σ）
- 予想配当利回り：2％（q）（年間配当÷株価＝2円÷100円）

　Excelで計算した結果は，**図表2 – 41**です。どのように計算しているのかを，以下で説明します。

　まず，d_1は，自然対数を求める「LN」関数を使用して計算します。また，$\sqrt{\ }$を計算する場合は，関数を利用して「SQRT」で計算するか，「^0.5」として0.5乗（$\sqrt{\ }$と同じ）して計算します。

　上記の計算式の定義をエクセルの数式にすると，d_1は

$$=(LN(S/K)+(r-q+\sigma^2/2)*T)/(\sigma*SQRT(T))$$

と記載できます。

　次に，d_2は計算したd_1を使用して下記のように

$$=d_1-\sigma*SQRT(T)$$

と計算します。

　次に，$N(d_1)$ は，標準正規分布の累積分布関数である「NORMSDIST」を利用して，

$$=NORMSDIST(d_1)$$

と計算します。$N(d_2)$ も同じく，$=NORMSDIST(d_2)$ で計算します。

【図表 2 - 41：エクセルによるブラック＝ショールズ・モデルの計算】

	A	B	C	D
1	株価	100		
2	行使価格	100		
3	期間	2		
4	リスクフリーレート	1%		
5	ボラティリティ	50%		
6	配当利回り	2%		
7				計算式
8	d1	0.325269		=(LN(B1/B2)+(B4-B6+B5^2/2)*B3)/(B5*SQRT(B3))
9	d2	-0.38184		=B8-B5*SQRT(B3)
10	N(d1)	0.627511		=NORMSDIST(B8)
11	N(d2)	0.351291		=NORMSDIST(B9)
12	c	25.85714		=B1*EXP(-B6*B3)*B10-B2*EXP(-B4*B3)*B11
13				

コール・オプションの価値cは，計算した$N(d_1)$，$N(d_2)$ を使用すると，

$$=S*EXP(-q*T)*N(d_1)-K*EXP(-r*T)*N(d_2)$$

として計算できます。

図表2－41から，このコール・オプションの価値は，25.86円（小数点第3位以下を四捨五入）と計算できました。

このように，BSモデルは計算が簡単なので，実務ではよく利用される評価方法です。

（2）格子モデル

このモデルは，**図表2－42**のように，オプションを算定する過程が格子状になっていることから格子モデルと言われています。格子モデルは，二項モデル（バイノミアル・モデル）や三項モデル（トリノミアル・モデル）によってオプション価値を評価します。

【図表2－42：格子モデル（二項モデル）】

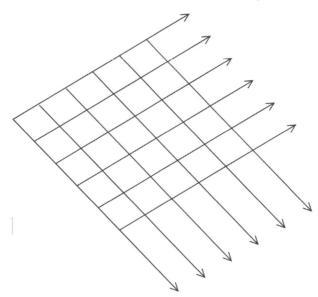

　格子モデルは，全行使期間を細分化して，その度に権利行使価格と原資産価格を比較してオプションの価値を計算するため，BSモデルとは違って，複雑な条件のオプションも計算が可能です。上場株式のオプションを前提にすると，二項モデルにおけるオプション価値は，下記の算定式で計算します。

【二項モデルの算定式】

$$OV(i) = Max(UL(i) - K, (p(i) \times OV(i+1, u) + q(i) \times OV(i+1, d)) \times e^{-r(i)\Delta t})$$

$UL(i)$：時点 i での原資産価格（株価）

$OV(i)$：時点 i でのオプション価格（＝ $UL(i) - K$）

$u = e^{\sigma\sqrt{\Delta t}}$：株価上昇率（変動率）　$d = e^{-\sigma\sqrt{\Delta t}}$：株価下落率（変動率）

$p(i) = \dfrac{e^{(r(i) - DV)\Delta t} - d}{u - d}$：株価が上昇する確率　$q(i) = 1 - p(i)$：株価が下落する確率

K：行使価格　T：満期までの期間（年数）　$Node$：期間分割数

$\Delta t = \dfrac{T}{Node}$：オプション計算の1期間　i：計算時点

$r(i) = \dfrac{\dfrac{DF_i}{DF_{i+1}} - 1}{\Delta t}$：インプライド・フォワード・レート（年率）

DV：配当率（年率）

　ここで，i 時点から $i+1$ 時点の株価変動を，上昇率，下落率で表すと，**図表2-43**のようになります。

【図表 2 - 43：各期間の株価推移のイメージ】

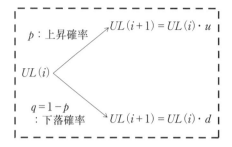

　計算式は示しましたが，格子モデルの計算方法は独特なので，以下で具体的な格子モデルの算定手順を説明します。

ⅰ）　株価の作成

　株価（原資産価格）100，株価の上昇率 u，下落率 d の場合，二項モデルで作成した i-0から i-2までの株価推移は**図表 2 - 44**です。

【図表 2 - 44：二項モデルで作成した株価】

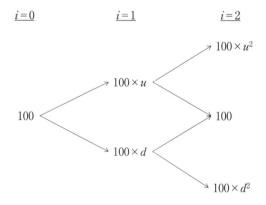

ⅱ）　各期間の損益の算定

　行使価格が100の場合，株価が100を上回っていればオプション権を行使して株式を売却すれば利益が発生するため，権利行使します（**図表 2 - 45**）。逆に株価が行使価格を下回っている場合は，権利行使すると損失が発生するため，権利行使しません。図表 2 - 45では，i＝0〜2の期間において， 2回権利行使

する機会があります。

【図表2‐45：オプション行使の判定】

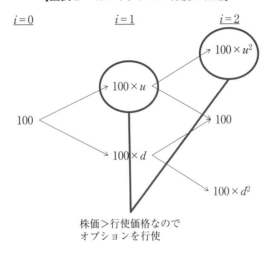

株価＞行使価格なので
オプションを行使

　すなわち，オプションの権利行使における損益は，以下のように整理できます。

- 株価が行使価格を超える場合：株価－行使価格　が利益として発生
- 株価が行使価格以下の場合：権利行使しないため，損益はゼロ

　このため，オプションの権利行使によって発生する各時点の損益は，**図表2‐46**です。

【図表2‐46：オプション行使による損益】

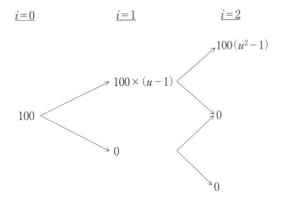

ⅲ）各期間のオプション価値の算定

各期間において，以下の 2 つを比較し，いずれか大きいほうを選択していきます。

- オプションを継続保有することによって得られる利益（期待値）
- オプションを行使して原資産を売却することによって得られる利益

この際，期待値を算定する必要があるため，株価の算定は逆向きに（満期から順番に）計算します（**図表 2 - 47**）。

この後ろから計算する方法を「バックワードインダクション」といいます。

【図表 2 - 47：各期間のオプション価値決定のイメージ】

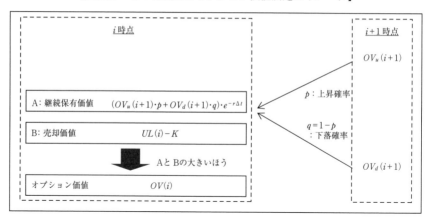

バックワードインダクションによって，満期から遡って期待値の計算を繰り返した結果を，オプション価値とします。具体的には，**図表 2 - 48**のように，$i = 2$からバックワードインダクションの計算を行っていき，$i = 0$で計算されたオプション価値が，このオプションの評価額です。

【図表2－48：バックワードインダクションの計算例】

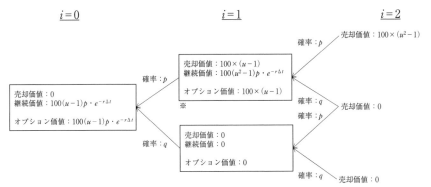

※ $i=1$の上側は，売却価値＞継続価値であったとして計算

iv）　例題による計算

二項モデルの計算方法について，Excelを使った例題で説明します。

 例　題

下記のような条件で発行された株式オプション（新株予約権）について，二項モデルを使って計算をしてみます。

株価（S）	100円
行使価格（K）	100円
リスクフリーレート（r）	1％
配当率（DV）	0％
ボラティリティ（σ）	50％
期間（T）	0.25年（3カ月）
計算単位（Node）	月（分割数3）

　あくまで計算例を示すために，分割数を少なくし，現在から3カ月後まで行使ができる新株予約権を月単位で3回分岐させて計算をします。

　まず，株価推移は，上昇率（u）と下落率（d）を利用して，下記のようにExcelで計算します。

$$u=EXP(\sigma *SQRT(\Delta t))=EXP(0.5*SQRT(0.25/3))=1.16$$

$$d=EXP(-\sigma *SQRT(\Delta t))=EXP(-0.5*SQRT(0.25/3))=0.87$$

　ここでは，小数点以下第3位を四捨五入して表示していますが，実際には上昇率の場合は，「1.155274…」，下落率は「0.86560…」というように，表示単位以下も計算に使用しています。参考にワークシートを図示すれば，**図表2－49**のようになります。

【図表2－49：エクセルを利用した上昇率，下落率の計算】

	A	B	C	D	E
1	株価	100	S		
2	行使価格	100	K		
3	リスクフリーレート	1%	r		
4	配当率	0%	D		
5	ボラティリティ	50%	σ		
6	年数	0.25	T		
7	分割数	3	Node		
8					
9	上昇率（u）	1.155	=EXP(B5*SQRT(B6/B7))		
10	下落率（d）	0.866	=EXP(-B5*SQRT(B6/B7))		

　計算した上昇率（u）と下落率（d）を使用して計算時点の株価100円から，1カ月，2カ月後，3カ月の上昇した株価，下落した株価を算定したのが**図表2－50**です。

【図表2－50：二項モデルによる株価の作成】

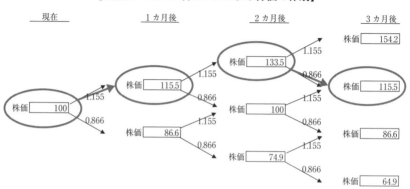

　たとえば，１カ月後に上昇する株価は，100円×1.155＝115.5円となり，２カ月後に133.5円の株価が下落すると，133.5円×0.866＝115.6円となります。

　次に，作成した株価から，行使価格100円で行使した場合の売却価値を算定します。新株予約権は，売却によって利益が出る時のみ行使を行うため，損失が発生する場合は行使をせずに損益がゼロになります。計算式は，下記の通りです。

　売却価値＝MAX(株価－行使価格，0)

　売却価値の計算結果を示したのが，**図表２‒51**です。

【図表２‒51：各時点の株価による売却価値】

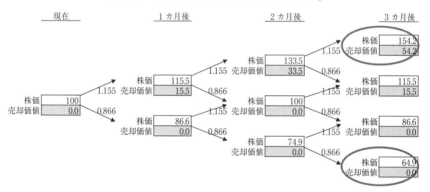

　たとえば，３カ月後の最も上昇した株価は154.2円（図表２‒51の囲っている上の箇所），行使価格100円との差額54.2円が売却価値です。

　売却価値＝MAX(154.2－100，0)＝54.2

　３カ月後の最も下落した株価は64.9円（図表２‒51の囲っている下の箇所），行使価格100円で行使すると損失が発生するため売却価値はゼロです。

　売却価値＝MAX(64.9－100，0)＝0

　最後に，バックワードインダクションによって，満期から遡って期待値を計

算します。

バックワードインダクションでは，1期間前に戻す際に，上昇確率（p）と下落確率（q）を使用して計算を行うため，今回の数値を使用すると，

$$p=(EXP((r-D)*(\Delta t))-d)/(u-d)$$

$$=(EXP((1\%-0\%)*(0.25/3))-0.866)/(1.155-0.866)=46.7\%$$

$$q=1-p=1-46.7\%=53.3\%$$

と計算できます（Excelのワークシートは**図表2−52**）。

【図表2−52：上昇確率（p）と下落確率（q）の算定】

	A	B	C	D	E	F
1	株価	100	S			
2	行使価格	100	K			
3	リスクフリーレート	1%	r			
4	配当率	0%	D			
5	ボラティリティ	50%	σ			
6	年数	0.25	T			
7	分割数	3	Node			
8						
9	上昇率（u）	1.155	=EXP(B5*SQRT(B6/B7))			
10	下落率（d）	0.866	=EXP(-B5*SQRT(B6/B7))			
11	上昇確率（p）	46.7%	=(EXP((B3-B4)*(B6/B7))-B10)/(B9-B10)			
12	下落確率（q）	53.3%	=1-B11			

二項モデルによる株価推移，計算した上昇確率（p）と下落確率（q）を使用して各時点の売却価値，継続価値を計算すると，**図表2−53**のようになります。

計算を簡単に説明すると，図表2−53で囲った箇所（2カ月後の真ん中の箇所）の計算する場合，まず，株価が100円なので行使価格100円だと，売却価値は0です。

【図表2‐53：各時点のオプション価値】

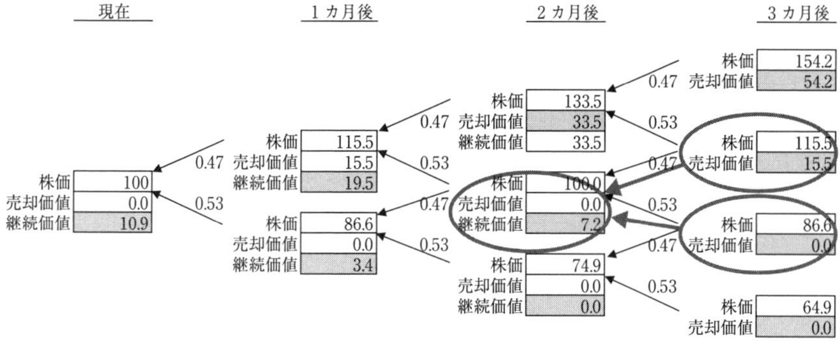

| | 現在 | 1カ月後 | 2カ月後 | 3カ月後 |

　継続保有した場合は，株価が上昇して売却価値が15.5円となるケースと，株価が下落して売却価値が0円のケースがあります。

　上昇確率（p）は46.7%，下落確率（q）は53.3%なので，期待値を計算すると，

> 期待値＝15.5円×46.7%＋0円×53.3%＝7.249…

です。この期待値は，3カ月後の期待値なので，2カ月後の価値に割り戻すと，

> 継続価値＝期待値×EXP(−r・Δt)
> ＝7.249…×EXP(−1%×(0.25/3))＝7.243023848…

と計算できます。オプション価値は，売却価値と継続価値の何れか高い金額になるため，2カ月後の真ん中の箇所のオプション価値は，

> オプション価値＝MAX(売却価値，継続価値)＝MAX(0，7.2)＝7.2円

です。図表2‐53の場合は，色付けをしている価値を採用してバックワードインダクションを行っていきますが，現在価値は10.9円と計算されました。

ⅴ）　格子モデルを利用する際の留意点

　同じ株式オプション（新株予約権）をBSモデルで計算すると10.06円です。二項モデルによる計算結果は10.9円なので，BSモデルと評価額が違っています。

どちらが正しい評価額なのでしょうか？

　結論から言うと，BSモデルで計算した10.06円が正しい数値です。BSモデルは，連続型の確率微分方程式なので期間に関係なく理論値を計算できますが，二項モデルは離散型モデルなので，ある程度の分割数がないと，理論値に近づきません。

　BSモデルは，分割数が限りなく無限大に近い状態だと思ってください。

　例題のケースでは，分割数が3で満期時の株価も4個しか作成していないため，理論値に近づけるためのサンプル数が足りないのです。具体的に，どれくらいの数があれば，理論値に近づいていくのかを検証してみましょう。

　二項モデルの分割数（Node）を1から10,000まで計算した結果をBSモデルと比較した結果を示すと，**図表2-54**のようになります。必ずしも分割数（Node）は何個以上にすべきということはありませんが，Nodeが100を超えたくらいから，差はほとんどない状態になります。

【図表2-54：二項モデルの分割数（Node）によるオプション価値の変化】

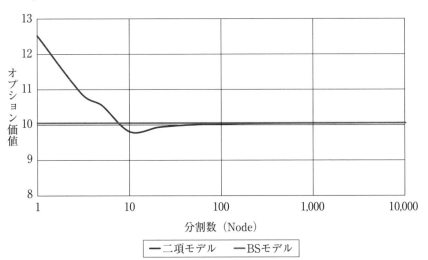

　このように，二項モデルを利用する場合は，分割数が十分なのかを検討する必要があるのです。

（3） シミュレーション・モデル

　ここでは，代表的なシミュレーション・モデルであるモンテカルロ・シミュレーションについて説明します。まず，正規分布を利用して，株価や金利の推移を作成するのが，モンテカルロ・シミュレーションです。具体的には，モンテカルロ・シミュレーションは標準正規分布をシミュレーションで作っています。

　BSモデルなどの評価モデルは，基本的に株価や金利が標準正規分布で発生することを前提としています。同様に，乱数を発生させて標準正規分布の近似値を作るのが，モンテカルロ・シミュレーションで行っていることです。

　イメージをつかむため，株価の計算例で説明します。
　「第2章6．（2）ボラティリティと標準偏差」の箇所でも説明しましたが，ボラティリティ（σ）は標準正規分布を前提として株価がどれくらい変化するかを示しています。
　モンテカルロ・シミュレーションは，発生確率を0％から100％までの間でランダムに発生させて，標準正規分布による株価変動を作成します。ここで，完全にランダムにシミュレーションするとわかりにくいので，発生確率（X：0％~100％）をシミュレーション回数（N回）で均等に分けて，標準正規分布を発生させてみます（下記のように発生確率を計算）。

【発生確率】

$$発生確率（X）= \frac{i-0.5}{N}$$

　　N＝シミュレーション回数
　　i＝1~N

　上記で計算した発生確率に応じた平均値からの乖離（σ区間）を，エクセルのNORMSINV関数で下記のように計算します。

平均値からの乖離（σ区間）＝NORMSINV（X）

　シミュレーション回数が100回（N＝100）の場合，上記の計算式で発生確率と平均値からの乖離（σ区間）を上下5件ずつ表示したのが，**図表2‐55**です。

　この場合は，発生確率を0％から1％増加させ，100％までを100個に分割してその発生確率におけるσ区間をNORMSINV関数で計算しています。

【図表2‐55：N=100の場合の発生確率に応じた平均値からの乖離】

#	発生確率（X）	平均値からの乖離（σ区間）
1	0.005	− 2.5758
2	0.015	− 2.1701
3	0.025	− 1.9600
4	0.035	− 1.8119
5	0.045	− 1.6954
	〜（中略）	
96	0.955	1.6954
97	0.965	1.8119
98	0.975	1.9600
99	0.985	2.1701
100	0.995	2.5758

　平均値からの乖離（σ区間）について，0.1σごとに件数を集計したのが**図表2‐56**です。

　次に，シミュレーション回数が1,000回（N＝1,000）として，平均値からの乖離（σ区間）について，0.1σごとに件数を集計したのが**図表2‐57**です。N=100と比べると，標準正規分布に近づいてきました。

【図表 2 – 56：平均値からの乖離（σ区間）の分布件数（N=100）】

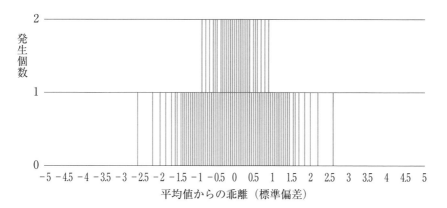

【図表 2 – 57：平均値からの乖離（σ区間）の分布件数（N=1,000）】

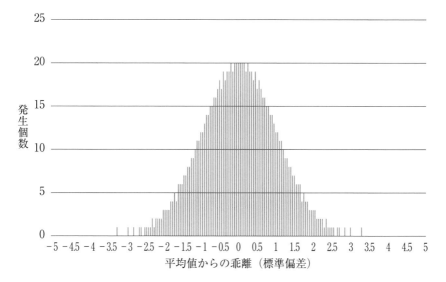

　さらに，シミュレーション回数が10,000回（N＝10,000）として，平均値からの乖離（σ区間）について，0.1σごとに件数を集計したのが**図表2-58**です。N＝10,000になると，ほぼ標準正規分布といえるくらいの分布になります。

　すなわち，シミュレーション回数を増やすほど，平均値からの乖離（σ区間）は標準正規分布に近づいていくことがわかります。

【図表2-58：平均値からの乖離（σ区間）の分布件数（N=10,000）】

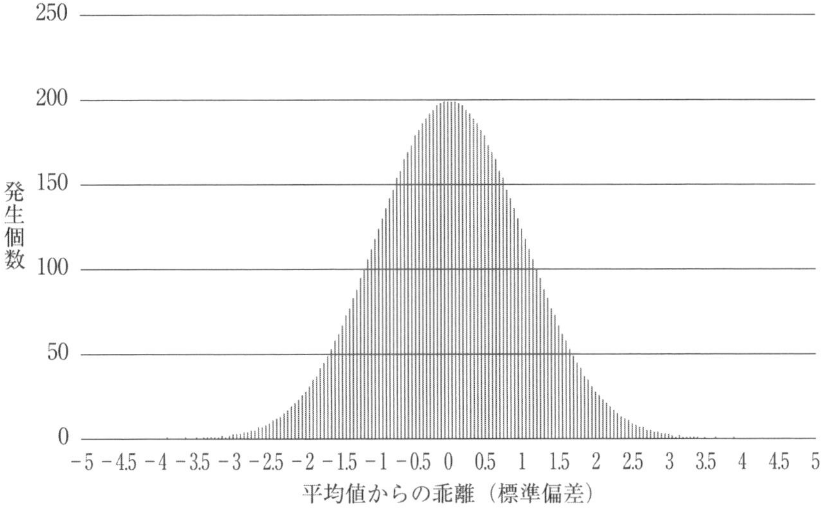

　少々話が長くなりましたが，モンテカルロ・シミュレーションは，0〜1の数（乱数）をランダムに発生させて，標準正規分布を作っていくのです。モンテカルロ・シミュレーションを利用して株式オプション（新株予約権）の価格（オプション価値）をどのように計算するかについて，事例を使って解説します。

例 題

　下記のような条件で発行された株式オプション（新株予約権）について，モンテカルロ・シミュレーションで計算しましょう。

株価（S）	100円
行使価格（K）	100円
リスクフリーレート（r）	1％
配当率（DV）	0％
ボラティリティ（σ）	50％
期間（T）	1年
計算単位（Node）	週（分割数52）

　先ほどモンテカルロ・シミュレーションは，BSモデルと同じ前提で計算する手法と記載しましたが，コンピュータは，連続的な数値の変化を扱うことができないので，連続時間モデルであるBSモデルはそのまま使えず，離散的な表現に書き換える必要があります。

　モンテカルロ・シミュレーションは，正規分布に従う乱数を発生させ，正規分布に従って株価の変動を試算していきます。具体的にどのような手順でオプション価値（新株予約権の評価額）を計算しているかを図示したものが，**図表2－59**です。実際に計算する際には，図表2－59に記載したような計算プログラムを作成して計算します。

　この事例では，計算単位が週次で1年（52週間）なので，当初株価100円/株を使用して1週目の株価を試算し，計算した1週目の株価を使用して2週目の株価を試算し，計算した2週目の株価を使用して3週目の株価を試算し……，という順番で52週間後の株価を試算します。

　この新株予約権は，行使価格が100円/株なので，52週間後の株価が行使価格100円/株を超えていれば予約権を行使して利益が発生し，株価が行使価格100円/株以下であれば予約権を行使せずに終了します（その場合，損益はゼロ）。

　シミュレーション回数が100回の場合は（図表2－59ではN回としている），この52週間後の損益の計算（損益がプラスまたはゼロ）を100回繰り返します。そして，100回の損益の割引現在価値の期待値（平均値）がオプション価値（新株予約権の評価額）となります。

【図表 2 – 59：モンテカルロ・シミュレーションの計算手順】

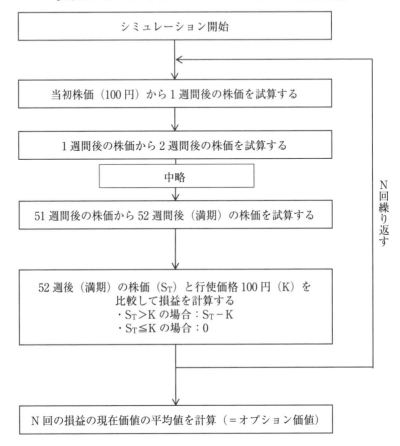

まず，株価の計算は，幾何ブラウン運動の式と離散化の表現を用いると，時点t＋△tとtの株価の関係式を以下のように表すことができます。

$$S_{t+\Delta t} = S_t \cdot e^{\left(\left(r - DV - \frac{\sigma^2}{2}\right) \cdot \Delta t + \sigma \varepsilon \sqrt{\Delta t}\right)}$$

数式なのでわかりにくいかもしれませんが，1週間後の株価（S_t）を使って2週間後の株価（$S_{t+\Delta t}$）を計算する際の計算式です。

株価推移の計算式のドリフト項を無視して株価変化を簡略化すると，以下のように表せます。

$$S_{t+\Delta t}=S_{t}\times(1+\sigma\times\sqrt{\Delta t}\times 正規乱数（\varepsilon))$$

ここで，$\sigma=0.5$（年率），$\Delta t=1/52=0.019230769\cdots$（年），なので，

$$\sigma\times\sqrt{\Delta t}=0.5\times\sqrt{0.019230769\cdots}=0.069337525\cdots（約6.93\%）$$

です。

すなわち，１週間の株価変動における１σ区間＝約6.93%です。

当初株価100円/株が，１週間後に約6.93%下落した93.1円（100×（１－6.93%）），約6.93%上昇した106.9円（100×（１＋6.93%））が１σ区間となり，１週間後の株価が93.1円～106.9円の間の値となる確率が68.2%です。

【図表２‐60：１週間後の株価の発生確率】

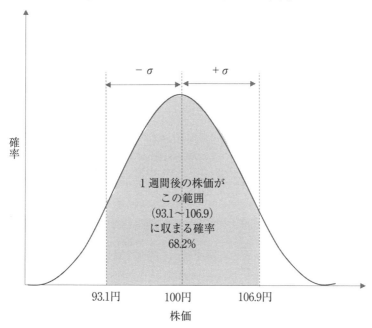

図表２‐61は，X回～X＋2回目の試行におけるT週目からT＋1週目における株価変動のイメージを図示したものです。T週目からT＋1週目に株価変動はランダムに発生しますが，株価変動の発生確率が正規分布に従うようにシミュ

レーションを行います。すなわち，1つの試行ではそれぞれ違った株価変動となっても，全体として正規分布になる株価変動に計算していくのが，モンテカルロ・シミュレーションです。

【図表 2 - 61：シミュレーションによる株価変動】

株価の変動率が正規分布に従う

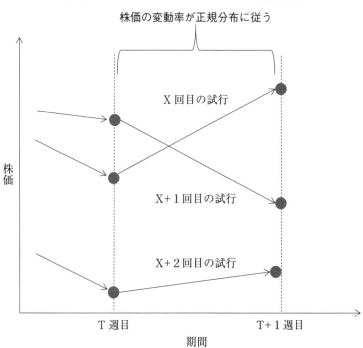

話を進めると，シミュレーションで作成した株価推移を任意に50件グラフ化したものが**図表 2 - 62**です。行使価格が100円なので，満期時の株価が行使価格を超えている場合はプラスの価値を持ち，行使価格以下の場合はゼロとなります。

株価が上昇する確率と下落する確率は，リスクフリーレート（割引率）と配当率による変動（ドリフト）を除けば，概ね50%なので，評価額がゼロとなる試行が最も多く（1円未満の評価額も0円として計算しているため，割合とし

ては50％を超えている），約50％の評価額がプラスの価値を持つことになります（**図表 2 - 63**）。

【図表 2 - 62：シミュレーションで作成した株価推移】

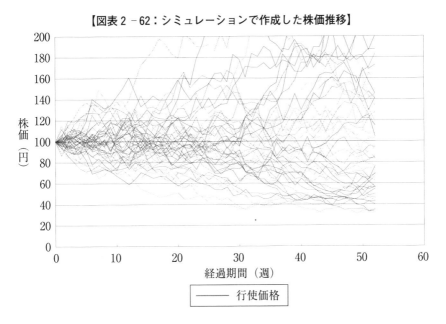

【図表 2 - 63：50,000回のモンテカルロ・シミュレーションの分布】

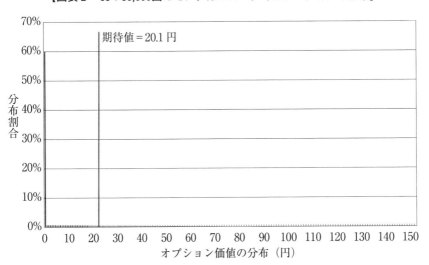

　評価額ゼロの分布割合が突出しているため，分布割合の最大値を5％にレンジ変更して表示したグラフが**図表2−64**です。評価額ゼロほどの分布割合はありませんが，100円を超える大きなプラスの評価額の試行も発生しており，このような分布が全体としての評価額（平均値）を押し上げて，株式オプション（新株予約権）の評価額20.1円という数値が計算されることになります。

【図表2−64：50,000回のモンテカルロ・シミュレーションの分布（レンジ変更）】

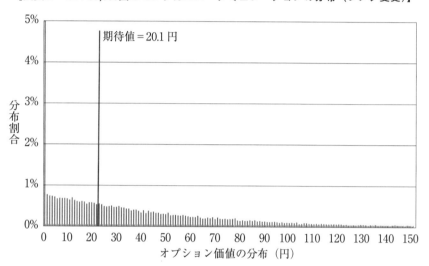

　株式オプション（新株予約権）の評価額が，想像しているよりも大きくなる場合がありますが，これは，可能性は低くても，大きな利益になる場合があり，その価値を押し上げているのが原因と言えます。

　ここまで，モンテカルロ・シミュレーションで株式オプション（新株予約権）の評価をどのように行うかについて説明しました。紙幅の都合で簡単な説明しかしていないため，細部まで理解したい方は，姉妹書の『金融マンのためのエクイティ・ファイナンス講座』をご覧ください。

8. ヘッジ会計

◆ ◆ ◆

渋谷不動産から帰ってきた加藤さんは，鈴木課長に相談に行きました。

加藤さん：さっきまで渋谷不動産へ訪問していたのですが，どこかのセミナーで不動産価格が下落するリスクを金利スワップでヘッジできるというような話を聞いたらしいんです。

鈴木課長：市場金利が上昇してキャップレート（物件利回り）が上昇すると，不動産価格が下がるから，理屈としては間違っていないと思うよ。それで？

加藤さん：金利スワップを契約したいみたいで，ヘッジ会計を適用できるかという話になったんです。難しいと思うと回答したのですが，合ってますか？

鈴木課長：合ってるよ。ヘッジ対象が不動産で，ヘッジ手段が金利スワップだと，ヘッジ会計の適用は難しいだろうね。

◆ ◆ ◆

（1）　ヘッジ取引とヘッジ会計は関係あるのか？

　まず，デリバティブの会計処理方法は，決済時の決済額（純損益）を損益計算書（P/L）計上し，期末に評価損益をP/Lと貸借対照表（B/S）に計上します。たとえば，金利スワップを例にすると，決済日に金利スワップ損益をP/L計上し，期末（決算日）に評価損益をB/S，P/L計上します。デリバティブの期末評価損益は洗い替え方式なので，翌期首（決算日の翌日）に戻し入れます。

　このように，デリバティブの評価損益はP/L計上するのが，原則的な会計処理方法です。

● 金利スワップの決済日（純決済額がプラスの場合）

（借方）　現金預金　　　　10	（貸方）　金利スワップ損益　　　10
（B/S資産）	（P/L）

● 期末：決算日（時価評価額がプラスの場合）

（借方）　金利スワップ　　　100	（貸方）　金利スワップ損益　　　100
（B/S資産）	（P/L）

● 期首：決算日の翌日（洗い替え）

（借方） 金利スワップ損益 （P/L）	100	（貸方） 金利スワップ （B/S資産）	100

　次に，ヘッジ会計はヘッジ取引とはあまり関係ありません。言葉が似ていて誤解されやすいので，両者の違いを説明します。

　たとえば，以下の2つは何が違うのでしょうか？

> ● 目黒セラミックは，虎ノ門銀行から1百万ドルの外貨建借入金があり，現在の為替レートは100円です。満期まで5年間ありますが，為替レートが110円になるリスクをヘッジするため，1ドル＝95円で為替予約を締結しました。
> ● 渋谷不動産は，丸の内銀行から6カ月TIBOR＋1％で1億円の借入をしています。現在の6カ月TIBORは0.5％ですが，満期まで5年間あり，金利が将来上昇するリスクがあると思っています。このため，6カ月TIBORを1％の固定金利と交換する金利スワップを締結しました。

　まず，ヘッジは，ヘッジ対象（リスクをヘッジする必要がある資産・負債）とヘッジ手段（リスクをヘッジするための方法。ヘッジ取引）に分けて考えます。上の例で，目黒セラミックのヘッジ対象はドル建借入金です。米ドルの為替変動リスクを為替予約（ヘッジ手段）でヘッジしています。

　この場合のヘッジ対象とヘッジ手段を比較したのが，**図表2‐65**です。

【図表2‐65：目黒セラミックのヘッジ対象とヘッジ手段】

	ヘッジ対象	ヘッジ手段
対　　象	ドル建借入金	為替予約（ヘッジ取引）
元本/想定元本	1,000,000米ドル	1,000,000米ドル
当初（予約）為替レート	100円/米ドル	95円/米ドル
リスク	為替リスク	為替リスク
評価損益のP/L計上	する	する

　ここで，注目する必要があるのが，「評価損益のP/L計上をする？　しない？」という点です。

　ヘッジ対象とヘッジ手段の時価評価損益がP/L計上されている場合には，**図表2-66**のように，ヘッジ対象の為替レートによって発生する時価評価損益（P/L計上額）をヘッジ手段の時価評価損益（P/L計上額）が打ち消しています。ヘッジ対象の損益をヘッジ手段（ヘッジ取引）の損益で相殺（ヘッジ）しているため，このヘッジ手段は有効に機能しています。結論からいうと，この場合は，ヘッジ会計は必要ありません。

【図表2-66：目黒セラミックのヘッジ対象とヘッジ手段の時価評価損益】

為替レート	ヘッジ対象の損益	ヘッジ手段の損益	差額
90	10,000,000	-5,000,000	5,000,000
100	0	5,000,000	5,000,000
110	-10,000,000	15,000,000	5,000,000

※為替予約については，厳密な時価評価ではなく，為替レートと為替予約レート（95円/米ドル）との差額のみで評価を行っている。

　次に，渋谷不動産と丸の内銀行の金利スワップに関してヘッジ対象とヘッジ手段を比較したのが**図表2-67**です。

【図表2-67：渋谷不動産のヘッジ対象とヘッジ手段】

	ヘッジ対象	ヘッジ手段
対　　象	円建借入金	金利スワップ
元本/想定元本	100,000,000円	100,000,000円
受取金利	—	TIBOR
支払金利	TIBOR+1％	1％
リスク	金利リスク	金利リスク
評価損益のP/L計上	しない	する

　目黒セラミックのケースとは，**ヘッジ対象の評価損益をP/L計上しない**という点が異なっています。

　6カ月TIBORの変動によって発生する時価評価損益（P/L計上額）を比較したのが，**図表2-68**です。渋谷不動産は，変動金利（TIBOR）の金利上昇リ

スクをヘッジするために金利スワップ（ヘッジ手段）を利用して支払金利を
２％に固定化することができました。ただし，会計上のP/L計上額については，
ヘッジ対象の借入金は時価評価損益をP/L計上しないため，ヘッジ手段の金利
スワップの評価損益のみがP/L計上されてしまいます。

　ヘッジ対象の評価損益をヘッジ手段の評価損益で相殺（ヘッジ）しているは
ずなのに，会計上で意図しない損益（P/L計上額）が出てしまうと，ヘッジ取
引を行うメリットがなくなってしまいます。このため，**ヘッジ対象の損益が発
生する時点まで，ヘッジ手段の損益を繰り延べてヘッジ対象とヘッジ手段の
P/L計上のアンマッチを解消する会計処理が必要になります。**

　この繰延処理を，「ヘッジ会計」といいます。すなわち，「ヘッジ会計」とは，
ヘッジ対象とヘッジ手段の損益を同じタイミングで発生させるための調整です。
ヘッジ取引とヘッジ会計は全く関係がない訳ではありませんが，評価損益を
P/L計上しないヘッジ対象に対して，ヘッジ取引（ヘッジ手段のデリバティブ）
を行った場合の損益調整がヘッジ会計です。

【図表２‐68：渋谷不動産のヘッジ対象とヘッジ手段の時価評価損益】

金利（６カ月TIBOR）	ヘッジ対象の損益	ヘッジ手段の損益	差額
0.5%	0	0	0
1.0%	0	+ 2,500,000	+ 2,500,000
1.5%	0	+ 5,000,000	+ 5,000,000

※金利スワップについては，厳密な時価評価を実施せずに，金利と当初TIBOR（0.5%）と
の差額に年数を乗じて評価を行っている。

（２）　ヘッジ会計の会計処理方法

　金融商品会計基準におけるヘッジ取引は，ヘッジ対象の何のリスクをヘッジ
するかによって２つに分類されます。

- キャッシュ・フローヘッジ
- 公正価値（フェアバリュー）ヘッジ

　まず，キャッシュ・フローヘッジは，たとえば，変動金利支払の借入金につ

いて，将来の金利支払額を固定するために，金利スワップを締結する場合です。この場合，将来の金利支払額（キャッシュ・フロー）の変動をヘッジ（固定化）することから，キャッシュ・フローヘッジといいます。

　次に公正価値ヘッジは，時価変動をヘッジする取引です。たとえば，社債を保有している場合，金利が上昇すれば社債の価値は下落（割引率が大きくなるので価値が下がる）します。社債の金利変動に伴う価格変動リスクをヘッジするためには，金利スワップ（固定金利払，変動金利受）を利用すれば金利が上昇する際には金利スワップに時価評価益が発生するため，社債の評価損を相殺（ヘッジ）することができます。このような時価評価損益をヘッジするヘッジ取引が公正価値ヘッジです。キャッシュ・フローヘッジに比べると，イメージしづらいのですが，金利（割引率）の上昇による時価変動を逆方向に価格が変動するデリバティブを使ってヘッジするのが公正価値ヘッジです。

　ところで，ヘッジ会計は，ヘッジ対象とヘッジ手段の損益の発生タイミングを一致させるための会計上の技術的方法と記載しました。損益発生タイミング調整の具体的な方法は，金融商品会計基準には2種類あります。

　1つ目は，損益の発生のタイミングをヘッジ対象が発生するタイミングまでヘッジ手段の時価評価損益を繰り延べて，ヘッジ手段とヘッジ対象の損益の実現時期を一致させる方法です（原則的処理方法）。

　この方法を，「繰延ヘッジ」といいます。

【図表2-69：繰延ヘッジ】

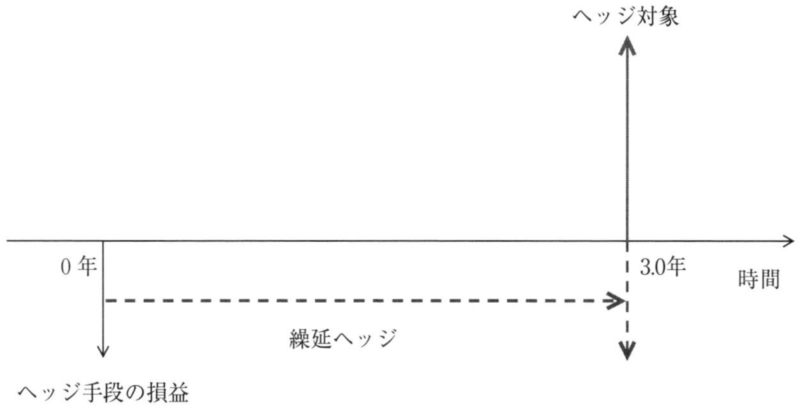

ヘッジ対象

0年　　　　　　　　　　　　　　　　3.0年　　時間

繰延ヘッジ

ヘッジ手段の損益

　もう1つの方法は，後で発生するヘッジ対象の時価評価を前倒しして行い，損益の実現のタイミングを一致させる方法です。この方法を，「時価ヘッジ」といいます。ただし，その他有価証券を除き，金融商品会計基準上では認められていません。

　その他有価証券の時価評価損益（評価差額）は，P/L計上されずに純資産の部（B/S）に計上されます。

　時価ヘッジを採用した場合は，その他有価証券から発生する時価評価損益（評価差額）を純資産の部に計上せずに，P/Lに計上することで，ヘッジ対象とヘッジ手段の損益実現のタイミングを一致させます。

【図表 2 - 70：時価ヘッジ】

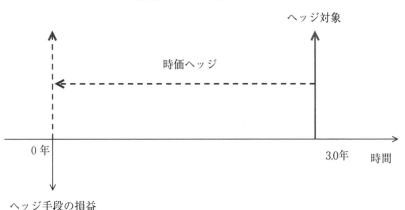

　このように，ヘッジ対象の何のリスクをヘッジするかによって「公正価値ヘッジ」と「キャッシュ・フローヘッジ」に区分され，どのようにヘッジするかによって「繰延ヘッジ」と「時価ヘッジ」に区分されます。

　理論上は4パターン（2×2）の組み合わせがありますが，一般的なのは，金利スワップで将来の金利支払額の上昇をヘッジするような「キャッシュ・フローヘッジ」の「繰延ヘッジ」です。

金利スワップ

1. 交換取引

最もシンプルな金利スワップは，同一通貨の変動金利と固定金利の交換取引です。この最もシンプルな金利スワップを「プレーン・バニラ・スワップ」と言うことがあります。

金利スワップについて，事例を通して解説します。目黒セラミックは虎ノ門銀行から以下の条件で資金調達しています。目黒セラミックの志村社長は，金利の上昇が会社の損益に影響を与えるのを抑えたいと思っています。

金額	10億円
期間	3年
金利	TIBOR＋1％
利払サイクル	年2回（6カ月ごと）
元本支払	期限一括弁済

◆ ◆ ◆

志村社長：低金利の状態が長く続いているけど，加藤さんの言うように，そろそろ
　　　　　金利が上昇してもおかしくないと思うんだ。TIBORベースの借入金が
　　　　　10億円あるけど，そろそろ金利スワップで固定化しようかな。

加藤さん：いつ金利水準が上がるかはわかりませんが，上がった時はそれなりにイ
　　　　　ンパクトがありますからね。ただ，上がらなくても文句言わないでくだ
　　　　　さいよ。

◆ ◆ ◆

現在の 6 カ月TIBORが 1 ％だったとします。今後 3 年間TIBORが変動しな
かったとすると，目黒セラミックの支払は，**図表 3 - 1** のように毎回10百万円，
3 年間の合計で10百万円× 6 回＝60百万円の金利支払いが発生します。

【図表 3 - 1 ：TIBORが 3 年間変動しない場合の支払利息】

(単位：百万円)

年数	0.5	1	1.5	2	2.5	3
元本	1,000	1,000	1,000	1,000	1,000	1,000
TIBOR	1 ％	1 ％	1 ％	1 ％	1 ％	1 ％
スプレッド	1 ％	1 ％	1 ％	1 ％	1 ％	1 ％
金利	2 ％	2 ％	2 ％	2 ％	2 ％	2 ％
支払利息：元本×金利×0.5	10	10	10	10	10	10

　仮に，TIBORが 3 ％に上昇すると，**図表 3 - 2** から毎回の支払金利は20百
万円で， 3 年間の合計で20百万円× 6 回＝120百万円の利息支払が発生します。
TIBORが変動することによって， 3 年間の合計で60百万円（120－60百万円）
の利息支払が増加します。

【図表 3 - 2 ：TIBORが 2 ％上昇した場合の支払利息】

(単位：百万円)

年数	0.5	1	1.5	2	2.5	3
元本	1,000	1,000	1,000	1,000	1,000	1,000
TIBOR	3 ％	3 ％	3 ％	3 ％	3 ％	3 ％
スプレッド	1 ％	1 ％	1 ％	1 ％	1 ％	1 ％
金利	4 ％	4 ％	4 ％	4 ％	4 ％	4 ％
支払利息：元本×金利×0.5	20	20	20	20	20	20

　変動金利で資金調達を行う場合，変動金利が上昇するリスクを抱えています。
このような場合，金利スワップによって金利を固定化させて，金利上昇リスク
をヘッジします。

　図表3-3のように今後3年間6カ月円TIBOR交換するスワップレートが2％であったとすると，利払いを毎回15百万円に固定して，TIBORが上昇するリスクを回避（ヘッジ）します（**図表3-4**）。

【図表3-3：金利スワップでTIBORを固定化した場合の支払利息】

（単位：百万円）

年数	0.5	1	1.5	2	2.5	3
元本	1,000	1,000	1,000	1,000	1,000	1,000
スワップレート	2％	2％	2％	2％	2％	2％
スプレッド	1％	1％	1％	1％	1％	1％
金利	3％	3％	3％	3％	3％	3％
支払利息：元本×金利×0.5年	15	15	15	15	15	15

　金利スワップの典型的な利用方法は，上記のような金利上昇リスクのヘッジです。次からは，金利スワップの詳細について解説します。

【図表3-4：変動金利の借入と金利スワップの関係】

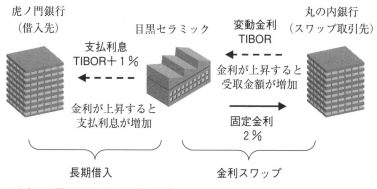

※上記は目黒セラミックの立場で記載

2. 契約の基本的な事項

　金利スワップに限らず，デリバティブの契約には，いくつか独特の考え方があります。

　たとえば，金利スワップの契約書には，下記のような事項が記載されます。

① 想定元本

② 契約日，満期

③ 固定金利，変動金利

④ その他の事項

　まず，金利デリバティブを利付社債と比較したのが，**図表3－5**です。デリ

【図表3－5：利付社債と金利スワップの比較】

区分	利付社債	金利スワップ
元本の拠出	社債購入資金の拠出あり	契約時の資金拠出は原則なし
資金収支	購入時を除けば，常に現金が入ってくる	決済時点において，現金の受取もあれば支払いもある
信用リスク	あり	あり ※ただし，評価益の場合のみ
損失額の上限	元本全額	損失額の上限なし
元本の償還	あり	なし

バティブには元本が存在しませんが，元本がなければ交換する利息の計算ができないので，「① 想定元本」という架空の元本を利用します。

　「② 契約日，満期」における元本の受渡しがないため，単なる契約の開始日と終了日という意味しかありません。

　契約相手方（カウンターパーティ）の信用リスク（カウンターパーティ・リスク）については，元本が存在しないので，元本が償還されないリスクはありません。また，デリバティブの時価評価額がマイナスになっている場合も，基本的には自分が支払いをするだけで，カウンターパーティ・リスクはありません。すなわち，デリバティブにおける信用リスクは，デリバティブの時価評価

額がプラスになっている場合に，カウンターパーティが支払不能に陥る場合だけです。

　また，金利スワップは「③　固定金利，変動金利」を交換する取引なので，必ず設定されます。

　「④　その他の事項」としては，金利支払や想定元本がある条件になると変動する場合などが挙げられます。

3.　スワップ評価の 3 つの方法

◆ ◆ ◆

　虎ノ門銀行の加藤さんは，鈴木課長からいつものように「金利スワップのご提案資料」を渡されましたが，今回配布された資料はいつもの提案資料と，少し違っていることに気づきました。

> 加藤さん：鈴木課長。この提案資料は，「トリガー」とか耳慣れない単語が入っていて，いつもと少し違う気がします。具体的に何が違っているのかはわからないのですが，お客さんに聞かれた時のために，前回までの提案資料との違いを教えてもらえませんか？
> 鈴木課長：だんだん鋭くなってきたね。加藤さんが前まで提案していた金利スワップは，比較的単純なものが多かったからね。デリバティブは，条件設定によって，全く別の商品を作り出すことができるんだ。
> 　　　　　単純なものと，今回の金利スワップの違いを説明するね。

◆ ◆ ◆

　金利スワップを評価する方法はいくつかありますが，ここでは 3 つの評価方法を説明します。うち 2 つは通常の金利スワップにおける評価方法で，もう 1 つは条件が複雑な場合に利用する評価方法です。

　条件が複雑かどうかについては，その他の条件が付加されていないかどうかという点で判断します。具体的な契約条件は，本章 4.の（2）で説明します。

　金利スワップに採用される金利指標はいくつかありますが，本章では，TIBORで説明します。

（1）　変動利付債による方法

　ここでは，金利スワップの評価において，変動利付債を利用する方法を紹介します。この方法は，実務的に利用する機会は少ないと思いますが，他の2つの評価方法よりも簡単なので，感覚的にどれくらいの評価額になりそうかを理解するのに適しています。

　まず，変動利付債とは，金利が変動金利（TIBORなど）である債券です。債券の発行体の信用力がTIBORと同じで，金利がTIBORの場合，債券の額面＝時価評価額です。発生するキャッシュ・フロー（TIBORベースの利息と元本）を割引率（TIBOR）で割引現在価値を計算すれば当然のことですが，念のために計算例で説明します。

図表3－6の発行条件の変動利付債の時価を計算しなさい。
ただし，変動利付債の信用力はTIBORフラット（TIBORと同じ）で，3年スワップレートが1％（年率）とします。

【図表3－6：変動利付債の内容】

元本	100百万円
期間	3年間
金利	6カ月円TIBOR
金利支払サイクル	6カ月ごと

＜解説＞

　計算を単純にするために，金利のタームストラクチャー（期間構造）を無視して，TIBOR＝割引率＝3年スワップレート＝1％とします。

　この前提で変動利付債の時価を計算したのが**図表3－7**です。0.5年ごとに発生する利息は0.5百万円（100百万円×1％×0.5。図表3－7のAの行），3年後に元本返済100百万円が発生するため，（図表3－7のBの行），発生するキャッシュ・フロー（CF）の合計額（図表3－7のCの行）をディスカウン

ト・ファクター（DF）を乗じてキャッシュ・フローの割引現在価値（DCF）を計算します。

なお，ディスカウント・ファクターは，期間構造を無視しているため，$D = \dfrac{1}{1.01^T}$（Tは経過年数）として計算しています。

計算の結果，3年間に発生するキャッシュ・フローの割引現在価値（図表3-7のDCFの合計）は100百万円と算定されました。

【図表3-7：変動利付債の内容】

（単位：百万円）

経過年数(T)	0.5	1	1.5	2	2.5	3	合計	〈計算式〉
利息入金	0.5	0.5	0.5	0.5	0.5	0.5	3	A=100×1%×0.5
元本入金						100	100	B
CF合計	0.5	0.5	0.5	0.5	0.5	100.5	103	C=A+B
DF	0.995	0.990	0.985	0.980	0.975	0.971		$D = \dfrac{1}{1.01^T}$
DCF	0.498	0.495	0.493	0.490	0.488	97.544	100	C×D

変動利付債の額面＝時価になることは上記の計算で理解できたと思いますが，これは変動利付債のキャッシュ・フローは，キャッシュ・インの現在価値＝キャッシュ・アウトの現在価値（以下の①＝②＋③）の関係が成立することを意味しています。

①：現在（0年）：元本100百万円のキャッシュ・アウト
②：0.5年～3年後：変動利息（元本100百万円×TIBOR）のキャッシュ・イン
③：3年後：元本100百万円のキャッシュ・イン

このキャッシュ・フローのイメージを示したものが，**図表3-8**で，上向きの矢印がキャッシュ・イン（入金）を示しており，下向きの矢印がキャッシュ・アウト（出金）を示しています。変動利付債は，キャッシュ・イン（元本回収＋利息入金）の現在価値＝キャッシュ・アウト（元本への投資）の現在価値なので，図表3-8のキャッシュ・フローの価値はゼロ（上記の②＋③－

①＝0）です。

　金利スワップを評価する際には，変動利付債のキャッシュ・フローの関係（図表3－8）を利用します（正確には，変動利付債のキャッシュ・フローを合成して利用します）。

【図表3－8：変動利付債に投資した場合のキャッシュ・フロー】

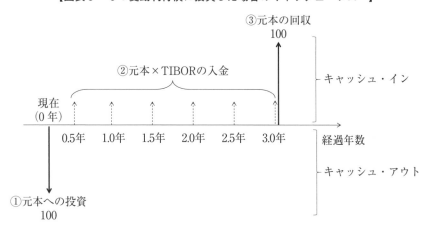

　さて，具体的な話に移りましょう。

　目黒セラミックは，虎ノ門銀行から支払金利がTIBOR＋1％の借入をしています（図表3－9）。しかし，目黒セラミックの志村社長は，将来的にTIBORは上昇すると考えています。

【図表3－9：虎ノ門銀行との金銭消費貸借契約】

虎ノ門銀行　　　　　　　　　　目黒セラミック

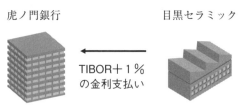

TIBOR＋1％
の金利支払い

※上記の説明は目黒セラミックの立場で記載

◆ ◆ ◆

　目黒セラミックの現在のメインバンクは虎ノ門銀行ですが，調達先を徐々に分散していこうと思っており，丸の内銀行の岡本次長に相談しました。

志村社長：当社のメインバンクは虎ノ門銀行だけど，調達先も徐々に分散していこうと思っているんだ。
　　　　　今，虎ノ門銀行から金利スワップに関する提案を受けているんだけど，提案内容が当社にとってメリットがあるのかないのか，正直よくわからないんだ。
岡本次長：ありがとうございます。まず，虎ノ門銀行の提案内容は，金利変動リスクをヘッジするだけなので，特にリスクはありません。当行としても，同様の金利スワップ取引を提案させて下さい。

◆ ◆ ◆

　岡本次長は，**図表3－10**のようにTIBOR（変動金利）を固定化するために，金利スワップを提案しました。

【図表3－10：金利スワップによる金利上昇リスクのヘッジ】

※上記の説明は目黒セラミックの立場で記載

　これは，目黒セラミックが丸の内銀行と金利スワップ契約を締結して，虎ノ門銀行へ支払うTIBORを調達し，1％の固定金利を支払うというものです。
　金利スワップの契約内容は**図表3－11**で，目黒セラミックが3年間，固定金利を支払い，変動金利を受け取ります。

【図表 3 – 11：金利スワップの契約条件】

想定元本	100百万円
通　貨	日本円
満 期 日	契約日から 3 年後
受渡サイクル	6 カ月

〔受取サイド〕

固定・変動	変動金利
基 準 金 利	TIBOR
金利・スプレッド	0.00%

〔支払サイド〕

固定・変動	固定金利
基 準 金 利	−
金利・スプレッド	1.00%

　この金利スワップのキャッシュ・フローを図示したのが，**図表 3 – 12**です。なお，図表 3 – 12は変動金利を点線矢印，固定金利を実線矢印で表示しています（以降も同様）。

【図表 3 – 12：金利スワップのキャッシュ・フロー】

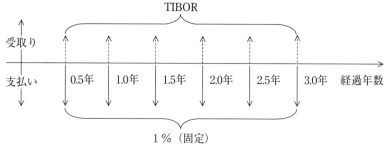

※目黒セラミックから見たキャッシュ・フローを表示している。

金利スワップの評価を変動利付債を使って行う場合，金利スワップのキャッ

シュ・フローに変動利付債のキャッシュ・フローを合成します。具体的には，図表3‐12の金利スワップに**図表3‐13**の現在価値がゼロの変動利付債のキャッシュ・フロー（変動利付債を発行する場合のキャッシュ・フロー。図表3‐8とは逆方向のキャッシュ・フロー）を合成すると，**図表3‐14**のキャッシュ・フローが作成できます。

【図表3‐13：合成させる変動利付債のキャッシュ・フロー（図表3‐8と逆）】

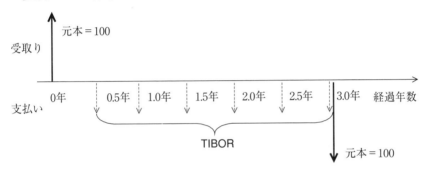

【図表3‐14：変動利付債を合成した後の金利スワップ】

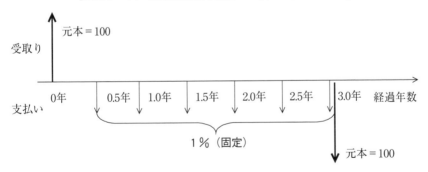

変動利付債を合成（合算）した後の金利スワップ（図表3‐14）はキャッシュ・フローが固定金利しか発生せず，固定利付債を発行した場合のキャッシュ・フローの割引現在価値が，金利スワップの時価評価額となります。

目黒セラミックと丸の内銀行の金利スワップは，支払金利が6カ月ごとに年率1％（支払い），スタート時点で100の入金，3年後に100の出金が発生する固定利付債の割引現在価値で評価できます。3年間の割引率が0.7％の場合は，

金利スワップの現在価値は**図表3‑15**のように計算します。

【図表3‑15：合成後のキャッシュ・フロー】

年数（t）	0	0.5	1	1.5	2	2.5	3	合計	
元本	100						−100	0.0	A
利息		−0.5	−0.5	−0.5	−0.5	−0.5	−0.5	−3.0	B=100×1%×0.5
キャッシュ・フロー	100	−0.5	−0.5	−0.5	−0.5	−0.5	−100.5	−3.0	CF=A+B

割引率	0.70%	0.70%	0.70%	0.70%	0.70%	0.70%	0.70%	R
ディスカウント・ファクター（DF）	1.000	0.997	0.993	0.990	0.986	0.983	0.979	$DF=\dfrac{1}{(1+R)^{t}}$

割引現在価値(DCF)	100.00	−0.50	−0.50	−0.49	−0.49	−0.49	−98.41	−0.88	CF×DF

※表示単位未満を四捨五入して表示

　図表3‑15から，この金利スワップの価値は−0.88百万円と計算されました。なお，銀行が金利スワップを契約する場合，いくらかの手数料相当額を確保しないといけません。このため取引先の時価評価額がマイナス（銀行側はプラス）になるようにして，実質的に手数料を発生させます。

　このように，変動利付債を用いれば，TIBORなどの変動金利を気にせずに金利スワップの計算ができます。

（2）　変動金利を作成する方法

　ここでは，変動金利（TIBOR）などをイールドカーブから計算して，金利スワップを評価する方法について説明します。この方法は，イールドカーブからディスカウント・ファクターを計算し，ディスカウント・ファクターを使って，フォワード金利（Implied Forward Rate；IFR）を計算して，金利スワップの評価を行うものです。非常に汎用性が高いので，実際に計算する際にはよく利用されます。

　まず，フォワード金利（以下，単に「IFR」とする場合があります）のイメージがつかみにくいので，IFRが何を意味しているのかを先に説明します。金利スワップは，利息決定日に変動金利（TIBOR）の金利を決定します。TONAスワップの変動金利は後決め（利息交換日付近で金利を決定する方法）ですが，ここでは前決めのTIBORスワップをもとに説明します。TIBORスワップの場合，金利決定日と決済日は，契約日（金利決定日）に0.5年後（決済日）に支払う6カ月TIBORを決定し，0.5年後（金利決定日）に1年後（決済日）に支払う6カ月TIBORを決定する，というように一定期間（このケースは6カ月）ずれが生じます（**図表3‐16**）。

【図表3‐16：変動金利の金利決定日と決済日の関係】

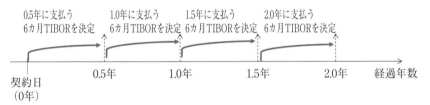

　IFRは，イールドカーブを利用して，たとえば，0.5年後に決定されるであろう6カ月円TIBOR（1年後に決済するフォワード金利）のようなレートです。Impliedは，「暗黙の」，「内在する」という意味なので，0.5年後と1年後の金利水準から決定される暗黙のレート（金利）をIFRといいます。

　数値を使って説明します。6カ月TIBOR＝0.18％，1年スワップレート（6カ月TIBORを2回支払う）＝0.25％の場合，0.5年後に決定される6カ月TIBOR（1年後に決済するフォワード金利）は，**図表3‐17**のように0.32％でないと，6カ月TIBORの2回支払の平均値が0.25％になりません。

　1年スワップレート＝6カ月TIBORを2回支払う平均金利なので，2回目の金利をXとすると，

　（0.18％（1回目の金利）＋X（2回目の金利））÷2＝0.25％

が成立するため，Xは下式で算定します。

X＝0.25％×2－0.18％＝0.32％

（時間的価値を加味していないため，厳密には誤差が生じます）

【図表 3 - 17：IFRの意味】

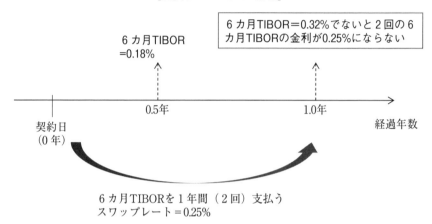

このように，2年間の6カ月円TIBORと固定金利を交換する金利スワップにおける，IFR（6カ月円TIBOR）は，**図表 3 - 18**のように1回目の決済から4回目の決済まで計算します（計算は後述するため，ここでは説明を省略します）。

【図表 3 - 18：IFRの計算方法】

回数	金利決定日	決済日	IFRの計算方法
1	契約日	0.5年後	契約日における6カ月TIBORの金利
2	0.5年後	1.0年後	年限が0.5年と1.0年のスワップレートから計算した6カ月フォワード金利（TIBOR）
3	1.0年後	1.5年後	年限が1.0年と1.5年のスワップレートから計算した6カ月フォワード金利（TIBOR）
4	1.5年後	2.0年後	年限が1.5年と2.0年のスワップレートから計算した6カ月フォワード金利（TIBOR）

話が長くなってしまいましたが，事例をもとに，金利スワップをどのように計算するかを解説します。

目黒セラミックは，虎ノ門銀行との間で，**図表 3 – 19**の金利スワップ契約を締結しました。契約時点における市場金利（**図表 3 – 20**）を基に，金利スワップの時価評価額（目黒セラミック側）を計算しなさい。

【図表 3 – 19：虎ノ門銀行との金利スワップの条件】

想定元本	100百万円
通貨	日本円
契約期間	契約日から 2 年間
受渡サイクル	6 カ月

〔目黒セラミックの受取条件〕

固定・変動	変動金利
基準金利	6 カ月円TIBOR
初回適用金利	0.18%（年率）

※前決め金利のTIBORは契約日に初回金利が決定されます。

〔目黒セラミックの支払条件〕

固定・変動	固定金利
金利	0.50%（年率）

【図表 3 – 20：契約日における市場金利】

期間	金利の種類	金利
O/N	無担コール	0.05%
6 カ月	TIBOR	0.18%
1 年	スワップレート	0.25%
1.5年	スワップレート	0.30%
2 年	スワップレート	0.35%

<解説>

　まず，目黒セラミックと虎ノ門銀行が締結した金利スワップについて，決済のイメージを示したのが**図表 3 - 21**です。

　目黒セラミックのキャッシュ・アウトは，0.5％（固定金利）で 6 カ月ごとに 4 回（ 2 年間）発生します。キャッシュ・インは， 6 カ月TIBORで，契約時点で初回の 6 カ月TIBORは0.18％に決定されています。このため， 2 回目（ 1 年後）の決済， 3 回目（1.5年後）の決済， 4 回目（ 2 年後）の決済における 6 カ月TIBOR（IFR）を計算して，金利スワップの評価を行います。

【図表 3 - 21：金利スワップの決済のイメージ】

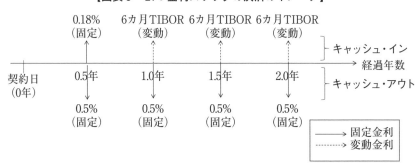

　まず，金利スワップの計算の手順は，下記の 3 つのステップで説明します。

---

① イールドカーブからディスカウント・ファクターを計算する

② ディスカウント・ファクターを使って，フォワード金利（IFR）を計算する

③ IFRを使って金利スワップの純決済額（CF）の割引現在価値（DCF）を計算する

---

① ディスカウント・ファクターの計算

　これはすでに，「第 2 章 5 .（ 4 ）ブートストラップ法」で説明したブートストラップ法でディスカウント・ファクター（DF）を計算します。計算式は既に説明した通りですが，金利スワップに合わせて簡略化したのが，次式です。

【計算基準期間を加えたブートストラップ法】

$$DF_i = \frac{1 - r_i \cdot \Delta t \cdot \sum_{k=1}^{i-1} DF_k}{1 + r_i \cdot \Delta t}$$

DF_i：i 回目の決済におけるディスカウント・ファクター

i　：時点（i 回目の決済）

Δt：決済の間隔（年）

r_i　：i 回目の決済におけるスワップレート

k　：変数（ここでは，$k = 1, 2, \cdots\cdots, i-1$）

　本件においては，決済が 4 回なので i ＝ 1 ～ 4，6 カ月ごと決済なので Δt ＝ 0.5 年，スワップレートは図表 3 - 20 を利用して計算します。計算の結果は，**図表 3 - 22** です。

【図表 3 - 22：ブートストラップ法による DF の計算】

回数	年数	金利	DF	計　算　式
1	0.5	0.18%	0.999101	$\dfrac{1}{1 + 0.18\% \times 0.5 \text{年}}$
2	1	0.25%	0.997504	$\dfrac{1 - 0.25\% \times 0.5\text{年} \times 0.999101}{1 + 0.25\% \times 0.5\text{年}}$
3	1.5	0.30%	0.995512	$\dfrac{1 - 0.30\% \times 0.5\text{年} \times (0.999101 + 0.997504)}{1 + 0.30\% \times 0.5\text{年}}$
4	2	0.35%	0.993026	$\dfrac{1 - 0.35\% \times 0.5\text{年} \times (0.999101 + 0.997504 + 0.995512)}{1 + 0.35\% \times 0.5\text{年}}$

②　フォワード金利（IFR）の計算

　計算したディスカウント・ファクター（DF）を利用して，フォワード金利（IFR）を計算します。ここでは簡略化した下式で計算します。

【IFRの計算式】

$$IFR_i = \frac{\dfrac{DF_{i-1}}{DF_i} - 1}{\Delta t}$$

IFR_i：i 回目の決済におけるフォワード金利（IFR）
i ：時点（i 回目の決済）
Δt：決済の間隔（年）
r_i ：i 回目の決済におけるディスカウント・ファクター

上記の計算式が何を計算しているかを，念のために説明します。

1年目の決済におけるIFR（0.5年時点に決定される6カ月TIBOR）は先ほど計算した通り0.32%です。また，①で計算したように，0.5年後のDFは0.999101，1年後のDFは0.997504です。0.5年のDF（0.999101）が，0.5年間の金利（IFR）の割引計算によって，1年後のDF（0.997504）になるかということとなので，このDFとIFRの関係は，IFRがDFの変化率（年率）であるということを意味しています（**図表3−23**）。

【図表3−23：DFとIFRの関係】

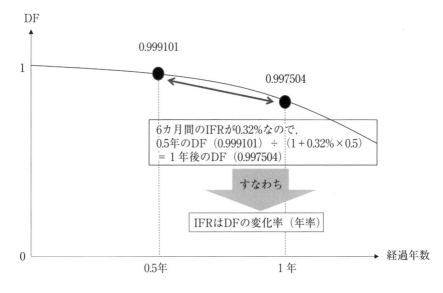

0.5年から2年のDFからIFRを計算した結果は，**図表3－24**です。

【図表3－24：DFを利用したIFRの計算】

決済回数	年数	Δt	DF$_i$	DF$_{i-1}$	IFR（TIBOR）	IFRの計算式
1	0.5	0.5	0.999101	1.000000	0.18%	－
2	1	0.5	0.997504	0.999101	0.32%	$\dfrac{\dfrac{0.999101}{0.997504}-1}{0.5}$
3	1.5	0.5	0.995512	0.997504	0.40%	$\dfrac{\dfrac{0.997504}{0.995512}-1}{0.5}$
4	2	0.5	0.993026	0.995512	0.50%	$\dfrac{\dfrac{0.995512}{0.993026}-1}{0.5}$

③　金利スワップの純決済額（CF）の割引現在価値（DCF）の計算

　計算したIFRを利用して，金利スワップのキャッシュ・フロー（純決済額）を計算します。

　受取額と支払額をそれぞれ計算したのが，**図表3－25，3－26**です。

【図表3－25：金利スワップの受取額の計算】

決済回数	経過年数	Δt	想定元本 （千円） X	金利（IFR） R	受取額 （千円） X×R×Δt
1	0.5	0.5	100,000	0.18%	90
2	1	0.5	100,000	0.32%	160
3	1.5	0.5	100,000	0.40%	200
4	2	0.5	100,000	0.50%	250

計　　701

※IFR，受取額は表示単位未満を四捨五入して表示

【図表3－26：金利スワップの支払額の計算】

決済回数	経過年数	Δt	想定元本 （千円） X	金利（IFR） R	受取額 （千円） X×R×Δt
1	0.5	0.5	100,000	0.50%	250
2	1	0.5	100,000	0.50%	250
3	1.5	0.5	100,000	0.50%	250
4	2	0.5	100,000	0.50%	250
				計	1,000

　計算した受取額（キャッシュ・イン）と支払額（キャッシュ・アウト）から純決済額（ネット・キャッシュ・フロー）を計算し，ディスカウント・ファクター（DF）を利用して，割引現在価値を求めます（**図表3－27**）。各決済額の割引現在価値の合計額（図表3－27の網かけ部分）が金利スワップの時価評価額となるため，この金利スワップの評価額は－299千円と計算されました。

【図表3－27：金利スワップのキャッシュ・フローと割引現在価値】

（単位：千円）

経過年数	0.5	1	1.5	2	計	
受取額	90	160	200	250	701	A
支払額	250	250	250	250	1,000	B
純決済額（CF）	－160	－90	－50	0	－299	C＝A－B
現在価値係数（DF）	0.9991	0.9975	0.9955	0.9930		D
CFの現在価値（DCF）	－160	－90	－50	0	－299	C×D

※上表は表示単位未満を四捨五入して表示

　なお，受取金利（IFR）と支払金利（固定金利）を2年間比較したものが**図表3－28**です。このグラフからも，支払金利のほうが高く，評価額はマイナスになることが理解できると思います。

【図表3‐28：受取金利と支払金利の推移】

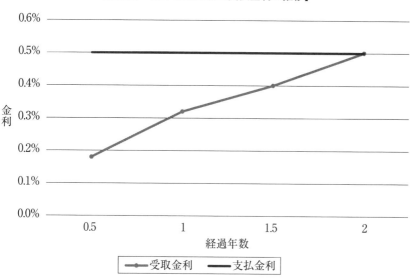

　ここでは，変動金利（TIBOR）などをイールドカーブから計算して，金利
スワップを評価する方法を解説しました。説明の都合上，簡便的な計算方法を
もとに解説しましたが，補間方法などを厳密な方法で計算しても，評価額には
それほど影響しません。個人的には本書で説明した方法で評価しても，時価評
価方法としてそれほど問題はないと思います。

（3）　その他の評価方法

　これまで説明してきた金利スワップは，単純な変動金利と固定金利の交換取
引でしたが，実際には，複雑な条件が入り込む契約も存在します。詳しくは後
述しますが，たとえば，以下のような条件が契約上存在している場合は，通常
と同様の評価を行うことができなくなります。

- 6カ月TIBORが2％を超えた場合，契約が自動的に消滅する（ノックア
ウト条項）
- 6カ月TIBORが2％を超えた場合，想定元本が3倍になる

　上記のような条件が含まれる金利スワップを評価する場合には，オプション評価モデルであるBSモデル，格子モデル，シミュレーション・モデルを利用します。金利スワップはオプションの集合体なので，金利スワップはオプション評価モデルで評価できます。

　なお，オプション評価モデルについては，「第2章7．オプション評価モデル」で説明したため，概要や計算方法については説明を省略します。

　ここでは，事例をもとに，モンテカルロ・シミュレーションを用いた金利スワップの評価について説明します。

　先ほどの目黒セラミックと虎ノ門銀行の金利スワップ（**図表3‑29**）について，モンテカルロ・シミュレーションで時価を評価しましょう。なお，ボラティリティは全期間一定で20%（年率）とします。

【図表3‑29：目黒セラミックと虎ノ門銀行の金利スワップ】

想定元本	100百万円
通貨	日本円
契約期間	契約日から2年間
受渡サイクル	6カ月

〔目黒セラミックの受取条件〕

固定・変動	変動金利
基準金利	6カ月円TIBOR
初回適用金利	0.18%（年率）

〔目黒セラミックの支払条件〕

固定・変動	固定金利
金利	0.50%（年率）

　金利モデルにはかなりの種類があり，詳細な説明をするとかなりの分量を要するため，本書では，簡便な計算方法で説明を行うこととします。

　本節（2）においてフォワード金利（IFR）をイールドカーブから作成して評価したように，ここではモンテカルロ・シミュレーションを利用してフォワード金利（6カ月TIBOR）を作成し，金利スワップの評価を行います。

　モンテカルロ・シミュレーションは乱数を発生させて金利を作成するとはいえ，基本的にイールドカーブをもとにして金利を作成するので，均すと（平均すると）本節（2）で説明したIFRと同じになります。

　要は，モンテカルロ・シミュレーションにおいて利用する金利はバラバラのように見えるものの，平均するとIFRになるようにシミュレーションしているのです。

　モンテカルロ・シミュレーションで金利を計算する際には，大雑把に記載すると，

今回の金利＝前回の金利×ドリフト＋乱数項

として評価します。ドリフトはIFRの変化率，乱数項は平均値が0なので，金利の平均値はIFRに一致するのです。

　モンテカルロ・シミュレーションで使用する金利は，スワップションのボラティリティを用いて計算しますが，少し補正が必要になってくるので，そのままでは利用できません。本書は，細かな計算方法を説明することは目的としていないので，ここでは，ボラティリティを所与として話を進めます。

　金利を求める際のモンテカルロ・シミュレーションにおいて，

　ドリフト率＝A，期間＝Δt，乱数項＝ε

とすると，

今回の金利＝前回の金利×ドリフト＋乱数による変動
$$R_i = R_{i-1} \times A \Delta t + \varepsilon_i$$

となります。

　※　この計算式は単純化したものです。正確な値を計算するためには，ボラティリティの計算や平均回帰など，さまざまな調整が必要になりますが，計算結果に大きさ差が生じるわけではないため，本書では上式で説明を行います。

　さて，本件では，6カ月ごとに0.5年〜2年まで4回決済が行われ，前決め金利であるTIBOR（受取サイド）の初回適用金利が0.18%なので，2回目（1年後），3回目（1.5年後），4回目（2年後）の決済時の受取額（6カ月TIBOR）をモンテカルロ・シミュレーションで作成します。

　モンテカルロ・シミュレーションでオプション価値を計算する場合は，前述のとおり連続時間モデルであるBSモデルはそのまま使えず，離散的なモデルに書き換えて利用する必要があります。

　ここでは，金利モデルを簡便的に計算するために，時点t＋Δtとtの金利Rの関係式を，以下のように定義します。本来は，さまざまな調整を行う必要がありますが，詳細に説明すると数学の解説になってしまうことと，計算結果にそれほど差がないため，ここでは簡便的な計算式を利用します。

【簡便的な金利の計算式】

$$R_{t+\Delta t} = R_t \times e^{\left(\left(A_{t,\Delta t} - \frac{\sigma^2}{2}\right)\Delta t + \varepsilon \times \sigma\sqrt{\Delta t}\right)}$$

　t：時点

　Δt：計算単位

　$R_{t,\Delta t}$：t時点の金利

　A_t：t時点から$t+\Delta t$時点へのドリフト（IFRの変化率）

　σ：ボラティリティ（年率）

　ε：標準正規確率変数（乱数）

　なお，この計算式は自然対数を利用しているため，ドリフトと乱数による変動を分けて表記をすると，以下のようなイメージです。

$$R_{t+\Delta t} = R_t \times (1 + A_{t,\Delta t}) \times e^{\left(\left(-\frac{\sigma^2}{2}\right)\Delta t + \varepsilon \times \sigma\sqrt{\Delta t}\right)}$$

　さて，事例の金利スワップは，$\Delta t = 0.5$年，$\sigma = 20\%$なので，フォワード金利（IFR）の変化率（ドリフト）に，全期間一定のボラティリティ20%（年率）を加味した乱数項を加減算することで2回目〜4回目の決済時の変動金利（6カ月TIBOR）を作成します。なお，ここでは説明の都合上，Δtを0.5年として，

3回（2回目〜4回目の決済）だけシミュレーションを行っていますが，本来は計算単位（Δt）を短く（たとえば，日次や週次などに）設定します。

　モンテカルロ・シミュレーションの結果のうち，任意に30件抽出したものが**図表3−30**です。

　図表3−30は，フォワード金利（IFR，太字の■マーカーの線）も併記しているため，モンテカルロ・シミュレーションで作成した変動金利が平均するとIFRになることが，イメージできると思います。

【図表3−30：モンテカルロ・シミュレーションで作成した変動金利】

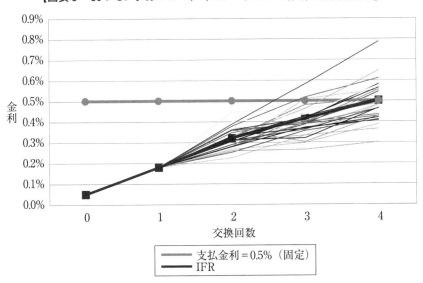

　次に，作成した変動金利を利用して，受取額（変動金利）と支払額（固定金利）の差額のキャッシュ・フロー（純決済額）を計算します。モンテカルロ・シミュレーションの結果のうち，任意に50件抽出したものが**図表3−31**です。なお，ここで表示しているキャッシュ・フローは割引前キャッシュ・フローなので，後で，割引現在価値を計算します。

【図表 3‒31：モンテカルロ・シミュレーションにおける金利スワップの純決済額】

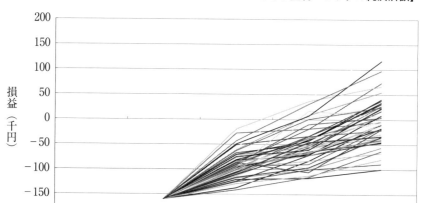

少し平均値がわかりにくいので，「モンテカルロ・シミュレーションで計算したキャッシュ・フローの平均値」と「IFRで計算したキャッシュ・フロー」を比較したのが，**図表 3‒32**です。当然ですが，乱数項は平均値がゼロになるため，各決済時点（１回目〜４回目）の決済額はほぼ同じです。この平均値にディスカウント・ファクター（DF）を乗じて割引現在価値を算定すると，金利スワップの評価額（−299千円）が計算できます。

【図表 3‒32：シミュレーションとIFRのキャッシュ・フローの比較】

（単位：千円）

交換回数	1	2	3	4	
経過年数	0.5	1	1.5	2	合計
シミュレーションの平均値	−160	−90	−50	0	−299	A
IFRでの純決済額	−160	−90	−50	0	−299	B
差	0	0	−0	−0	−0	A−B

※表示単位未満を四捨五入して表示

　なお，今回は10,000回のモンテカルロ・シミュレーションを行いましたが，それぞれの試行において計算された評価額の分布を示したものが**図表3－33**です。ここでは，１回目～10,000回目の金利スワップの評価額について，10千円ごとに件数を集計し，その割合を示しています。シミュレーションによって，評価額にばらつきがあるものの，分布傾向からも，シミュレーションの平均値が－299千円であることがイメージできるのではないかと思います。

【図表3－33：モンテカルロ・シミュレーションによる評価額の分布】

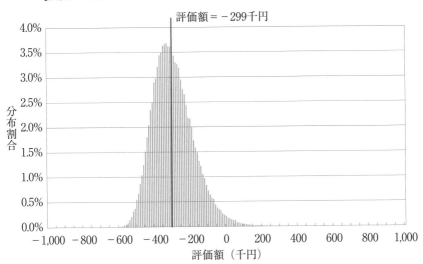

　ここまで，モンテカルロ・シミュレーションを利用して金利スワップを計算する方法を説明しましたが，計算結果は変動利付債やIFRを利用して計算する方法と変わらないため，通常の金利スワップ（プレーン・バニラ・スワップ）を評価する際には，特に利用する必要はありません。

　ただし，金利スワップの条件に何らかの変更・制約が生じる場合は，イールドカーブで評価したものとは異なる価格分布となるため，オプション価値モデル（モンテカルロ・シミュレーションなど）で評価する必要があります。金利スワップの契約条件と評価方法を示すと，**図表3－34**のようになります。

【図表 3‒34：金利スワップの種類と評価方法】

通常のケース：特に制約事項がない金利交換取引
- 変動利付債で計算する方法
- 変動金利を計算する方法

分布が制限を受けるかどうかで判断する

その他：ノックアウト条項付，元本変動型などの条件が付い
ている場合
- モンテカルロ・シミュレーションなど

4. 契約条項によるリスクの違い： 契約書からどのようなリスクが発生するかを検討する

◆ ◆ ◆

鈴木課長：ちょっと長くなってしまったけど，要は，キャッシュ・フロー（純決済額）の計算に何らかの制約を受けるかどうかによって，計算方法が違ってくるんだ。何となくわかる？

加藤さん：モンテカルロとか，全く理解できませんでしたが，複雑な金利スワップは通常の金利スワップよりもリスクが高そうなことはわかりました。モンテカルロなどについて，どこまで知っておけば良いのでしょうか？虎ノ門銀行の銀行員は，全員こんなこと知ってるんですか？

鈴木課長：クオンツ（金融商品の開発などをしている人達）じゃないから，すべての理論的背景までは必要ないかも知れないけど，単純な金利スワップと複雑な金利スワップは，どういう場合に違ってくるかくらいは知っておいたほうがいいんじゃないかな。

複雑なタイプは，イールドカーブ等から単純に計算できないから，プロ以外はどんなリスクがあるのかわからないんだよ。

加藤さん：リスクがわからないのに，販売しているんですね。

鈴木課長：電気屋の店員は，「テレビがなぜ映るか？」を説明できないのに，テレビを販売しているでしょう。それと一緒だよ。

「どちらの方向にリスクが偏っているか」くらいわかっていればいいと思うから，ついでに説明するね。

❖ ❖ ❖

（1）　通常の金利スワップ契約

金利スワップは，変動金利と固定金利の交換取引です。

想定元本が10億円，固定金利と変動金利の差が1％の場合，10億円×1％＝1,000万円/年の金利支払い（または受取り）が発生します。ただし，想定元本の1％なので，大きなリスクが発生しているとまではいえません。

金利スワップは，金利の変動によって利益や損失が発生するものの，リスクは相対的に大きくありません。また，このタイプの金利スワップは，ヘッジ目的で利用される場合が多いため，リスクは高くありません。

（2）　ノックアウト，元本変動が含まれる金利スワップ契約

金利スワップの契約内容に特別な条件がある場合，通常の金利スワップよりもリスクが高くなることがあります。

ここでは，金利スワップにどのような条件が追加されれば，どのように変化するかを解説します。

①　ノックアウト型金利スワップ

ノックアウト（デリバティブの自動消滅。以下，「KO」と記載する場合があります）が発生する金利水準をトリガーといいます。ここでは，ノックアウト条項（デリバティブの自動消滅条項）が付いている金利スワップについて解説します。

事例

目黒セラミックの志村社長は，丸の内銀行の岡本次長から，**図表3‐35**のような金利スワップを提案されました。

市場金利は**図表3‐36**とし，ボラティリティは一律30%として評価額を計算しましょう。

【図表3‐35：ノックアウト付金利スワップ契約】

契約期間	3年間
決済サイクル	3カ月ごと
想定元本	10億円
受取決済額	3カ月円TIBOR 初回適用金利：0.15%（年率）
支払決済額	0.5%（年率，固定）
ノックアウト条項	3カ月円TIBORが1%を超える場合，本件デリバティブ契約は自動消滅する

※上記は，目黒セラミックからみた契約内容（丸の内銀行の決済条件は逆）

【図表3‐36：契約日における市場金利】

期間	金利の種類	金利
O/N	無担コール	0.05%
3カ月	TIBOR	0.15%
6カ月	TIBOR	0.18%
1年	スワップレート	0.25%
1.5年	スワップレート	0.30%
2年	スワップレート	0.35%
2.5年	スワップレート	0.38%
3年	スワップレート	0.40%

　この金利スワップは，3カ月円TIBORが1%を超えると契約が自動終了します。具体的に，どのような評価になるかを通常の金利スワップと比較してみます。

　まず，モンテカルロ・シミュレーションで作成した変動金利の推移（50件のみ表示），IFR，支払金利（固定金利），KOトリガーは，**図表 3 - 37**のようになります。IFRの期間表示から見ても，変動金利は支払金利0.5%を下回っているケースが多いようです。

【図表 3 - 37：モンテカルロ・シミュレーションにおける金利の推移】

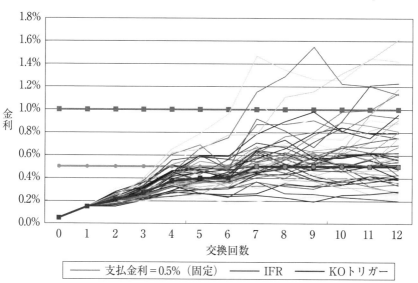

●通常の金利スワップの場合

　先に，ノックアウト条項のない通常の金利スワップの評価を行います。作成した変動金利をもとに，金利スワップのキャッシュ・フロー（純決済額）を計算し，割引現在価値を算定します。モンテカルロ・シミュレーションで算定した各試行の評価額を200千円ごとに件数をカウントし，時価評価の分布割合を示したものが**図表 3 - 38**です。

【図表 3 – 38：KOのない金利スワップの評価額の分布】

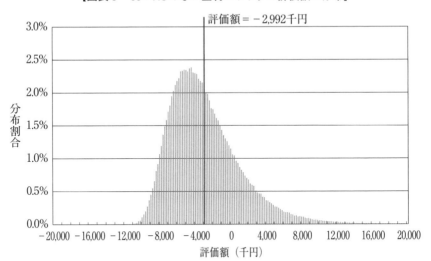

●KOのある金利スワップの場合

次に，ノックアウト条項のある金利スワップの評価を行います。作成した変動金利をもとに，金利スワップのキャッシュ・フロー（純決済額）を計算し，割引現在価値を算定します。この金利スワップの場合は，変動金利が１％を上回るとノックアウト条項により，トリガー抵触後の金利スワップの決済（金利交換取引）は行われません。計算結果のみ示すと，ノックアウトによって消滅したケースは，全シミュレーションの約17％です。

モンテカルロ・シミュレーションで算定した各試行の評価額を200千円ごとに件数をカウントし，時価評価の分布割合を示したものが**図表 3 – 39**です。

【図表 3 – 39：KOのある金利スワップの評価額の分布】

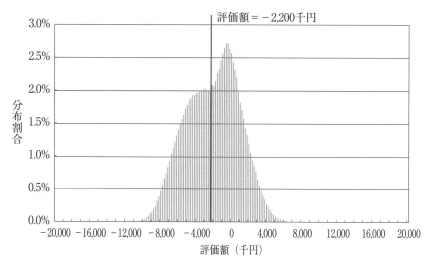

● KOによる評価額の差

　計算結果は，ノックアウト条項がない場合が－2,984千円，ある場合が－2,200千円なので，ノックアウトによって時価評価額が増加しています。ただし，ノックアウト条項によってすべて評価額が増加するかというとそうではなく，ケースバイケースです。

　この金利スワップの場合は，変動金利が支払金利0.5％を下回っているケースが多いため，ノックアウトによってマイナスの決済が減ったことが，評価額にプラスの影響を与えたようです。

　また，ノックアウト条項がない場合（図表 3 – 38）とある場合（図表 3 – 39）を同じグラフに表示したものが**図表 3 – 40**です。評価額の分布からも，ノックアウトの影響でいびつな分布になることがわかります。

【図表 3 – 40：ノックアウトの有無による評価額の差】

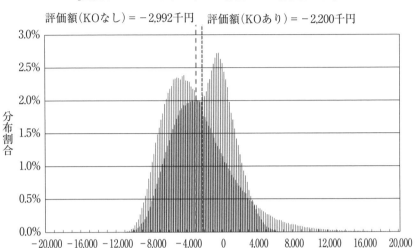

評価額（KOなし）＝ − 2,992千円　評価額（KOあり）＝ − 2,200千円

　なお，ノックアウト条項のある場合とない場合について，モンテカルロ・シミュレーションで計算したキャッシュ・フロー（CF）の平均値，ディスカウント・ファクター（DF），割引現在価値（DCF）を表示したものが，**図表3 – 41**です。

【図表 3 – 41：KOによる評価額の差】

（単位：千円）

交換回数	1	2	3	4	5	6	7	8	9	10	11	12		
経過年数	0.5	1	1.5	2	2.5	3	3.5	4	4.5	5	5.5	6	合計	
CF（KOなし）	− 878	− 725	− 576	− 324	− 250	− 249	0	2	0	2	0	2	− 2,997	A
CF（KOあり）	− 875	− 713	− 545	− 260	− 159	− 138	106	98	87	78	66	56	− 2,200	B
DF	1.000	0.999	0.998	0.998	0.997	0.996	0.994	0.993	0.992	0.991	0.989	0.988		D
DCF（KOなし）	− 877	− 725	− 575	− 324	− 249	− 248	0	2	0	2	0	2	− 2,992	A×D
DCF（KOあり）	− 875	− 713	− 544	− 259	− 158	− 138	105	97	86	77	65	55	− 2,200	B×D

※表示単位未満を四捨五入して表示

このように，ノックアウトによる制約（すべての決済が行われない）から，通常の金利スワップと同様の評価方法（たとえば，IFRを利用した評価）を行うことができないのです。

②　元本変動型金利スワップ

金利スワップの中には，変動金利が一定の基準金利を上回る（または下回る）場合，元本が変動するタイプがあります。元本変動型の金利スワップは「レバレッジ型」や「レシオ型」などといわれる場合があります。

元本変動型金利スワップも，通常の金利スワップとは異なる契約条件が含まれるものなので，事例をもとに解説をします。

目黒セラミックの志村社長は，丸の内銀行の岡本次長から提案されたノックアウト型金利スワップのメリットがよくわからなかったため，断ることにしました。すると，岡本次長から，**図表3－42**のような金利スワップを提案されました。
市場金利は**図表3－43**（前述，「①ノックアウト型金利スワップ」の事例と同じ）とし，ボラティリティは一律30％として評価額を計算しましょう。

【図表3－42：元本変動型金利スワップ契約】

契約期間	3年間
決済サイクル	3カ月ごと
想定元本	・3カ月円TIBORが0.5％以下の場合：10億円 ・3カ月円TIBORが0.5％を超える場合：30億円
受取決済額	3カ月円TIBOR 初回適用金利：0.15％（年率）
支払決済額	0.5％（年率，固定）

※上記は，目黒セラミックからみた契約内容（丸の内銀行の決済条件は逆）

【図表 3 – 43：契約日における市場金利（再掲）】

期間	金利の種類	金利
O/N	無担コール	0.05%
3カ月	TIBOR	0.15%
6カ月	TIBOR	0.18%
1年	スワップレート	0.25%
1.5年	スワップレート	0.30%
2年	スワップレート	0.35%
2.5年	スワップレート	0.38%
3年	スワップレート	0.40%

　今回のケースは，3カ月円TIBORが0.5%以下の場合は想定元本が10億円，0.5%を超える場合は3倍の30億円に増加するというものです。変動金利と決済額（3カ月間）の関係を示したものが**図表 3 – 44**で，目黒セラミックからすれば，キャッシュ・アウトの場合（変動金利が0.5%未満の場合）は想定元本

【図表 3 – 44：金利の変動と決済額（3カ月間）の関係】

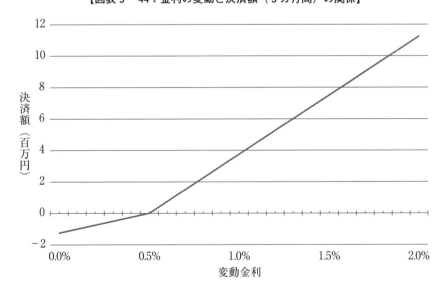

が10億円で，キャッシュ・インの場合（変動金利が0.5%を超える場合）は想定元本が30億円なので，通常の金利スワップよりも条件が良さそうです。通常の金利スワップと具体的にどのように違うかを検討します。

まず，モンテカルロ・シミュレーションで作成した変動金利の推移（30件のみ表示），IFR，支払金利（固定金利），元本変動のトリガー（0.5%）は，**図表3－45**です。変動金利は支払金利（元本変動トリガー）0.5%を下回っているケースが多いものの，0.5%を超えるケースもそれなりに発生しています。

【図表3－45：モンテカルロ・シミュレーションにおける金利推移】

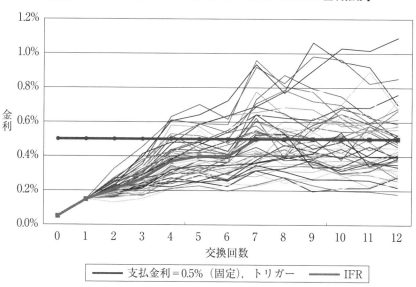

次に，元本変動のある金利スワップの評価を行います。作成した変動金利をもとに，金利スワップのキャッシュ・フロー（純決済額）を計算し，割引現在価値を算定します。この金利スワップの場合は，変動金利が0.5%を上回ると想定元本が3倍（10億円⇒30億円）に変化します。

モンテカルロ・シミュレーションで算定した各試行の評価額を400千円ごとに件数をカウントし，時価評価の分布割合を示したものが**図表3－46**です。

【図表 3 - 46：元本変動型金利スワップの時価評価額の分布】

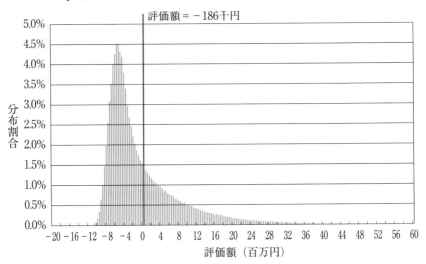

評価額（百万円）

通常の金利スワップの評価額が－2,992千円であったのに対して，この元本変動型金利スワップは，変動金利が0.5%を上回ると想定元本が 3 倍（10億円⇒30億円）になることから，評価額のプラスが大きくなり，評価額が－186千円に増加したようです。

また，元本変動がない場合とある場合（図表 3 - 46）を同じグラフに表示したものが**図表 3 - 47**です。評価額の分布からも，元本変動のある場合は，評価額が大きくプラスになる分布があり，評価額を全体として引き上げていることがわかります。

なお，元本変動のある場合とない場合について，モンテカルロ・シミュレーションで計算したキャッシュ・フロー（CF）の平均値，ディスカウント・ファクター（DF），割引現在価値（DCF）を表示したものが，**図表 3 - 48**です。

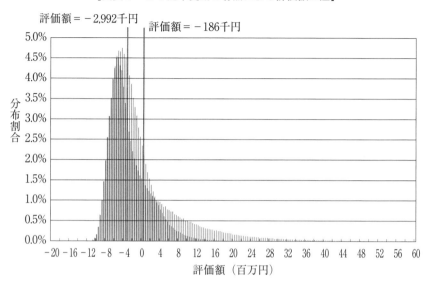

【図表 3 - 47：元本変動の有無による評価額の差】

【図表 3 - 48：元本変動による評価額の差】

（単位：千円）

交換回数	1	2	3	4	5	6	7	8	9	10	11	12		
経過年数	0.5	1	1.5	2	2.5	3	3.5	4	4.5	5	5.5	6	合計	
CF（元本変動なし）	−878	−725	−576	−324	−250	−249	0	2	0	2	0	2	−2,997	A
CF（元本変動あり）	−875	−725	−575	−290	−162	−137	365	397	421	449	470	496	−167	B
DF	1.000	0.999	0.998	0.998	0.997	0.996	0.994	0.993	0.992	0.991	0.989	0.988		D
DCF（元本変動なし）	−877	−725	−575	−324	−249	−248	0	2	0	2	0	2	−2,992	A×D
DCF（元本変動あり）	−875	−725	−574	−290	−161	−136	362	394	417	445	465	491	−186	B×D

※表示単位未満を四捨五入して表示

　このように，元本変動によって決済額が変動金利に正比例しないことから，通常の金利スワップと同様の評価方法（たとえば，IFRを利用した評価）を行うことができないのです。

（3） 決済額と時価評価額との違い

✦ ✦ ✦

　虎ノ門銀行の加藤さんは，自分が目黒セラミックに販売したデリバティブの件で，志村社長から苦情をいわれています。

> 志村社長：前回締結した金利スワップで，うちは決済で年間約3百万円を受け取っ
> 　　　　　ているよね。つまり，うちは決済時点でプラスになっているから，この
> 　　　　　デリバティブ契約は当社が勝っているわけだ。
> 　　　　　　でもさ，この前もらった「時価評価明細」には，評価損が発生してい
> 　　　　　るって書いてあったんだ。うちが勝っているはずなのに，損失が出て
> 　　　　　るってどういうこと？

　どうやら，志村社長は，決済額（キャッシュ・フロー）がプラスにもかかわらず，時価評価額がマイナスになっていることを怒っているようです。

> 加藤さん：「時価評価明細」は，本部から送られてくるものなので，私もいくらの
> 　　　　　評価損益が発生しているかはわからないんです。本部に確認します。

　本部に確認しても，「時価評価額は合ってます！」といわれてしまい，困った加藤さんは上司の鈴木課長に聞いてみました。

> 加藤さん：志村社長から，「勝っているはずなのに，負けているってどういうこ
> 　　　　　と？」といわれました。
> 鈴木課長：それは，決済額と時価評価額は，全く別物だからだよ。

✦ ✦ ✦

　たまに「今の金利水準だと5％になるわけがない！」，「過去の為替レートの動きから1ドル60円になるわけがない！」といった言葉を聞きます。

　はっきり言ってしまうと，デリバティブ取引においては，「将来の金利が5％になる」ことや「将来の為替レートが1ドル60円になる」ことは，時価評価には何の関係もありません。

　さらに，金利スワップは，契約条件に応じて，決済時点の金利を交換します

が，決済額（キャッシュ・フロー）と時価評価額には，何の関係もありません。

　金利スワップの評価の際に6カ月円TIBORのフォワード金利（IFR）をスワップレートを利用して計算しました。これはあくまで計算上の仮定であり，将来の金利水準を予想しているわけでも，将来の決済額を予想しているわけでもありません。

　たまに大きな誤解があるようなのですが，時価評価で用いている前提は，**金融工学における前提（裁定取引ができないという大前提）を利用して計算しているだけで**，将来の金利とも決済額とも何の関係もないのです。

　目黒セラミックが虎ノ門銀行と締結した金利スワップの契約内容が**図表3-49**で，6カ月TIBORと10年スワップレートが**図表3-50**でした。

【図表3-49：金利スワップの契約内容】

残存期間	10年間
想定元本	10億円
受取金利	0.5%（年率）
支払金利	6カ月円TIBOR 初回適用金利：0.18%

※上記は目黒セラミックからみた契約内容（虎ノ門銀行は逆ポジション）

【図表3-50：市場金利】

期間	金利
6カ月	0.18%
10年	0.75%

　目黒セラミックは固定金利（0.5%）を受け取って，6カ月TIBORを支払うため，1回（6カ月間）の純決済額（キャッシュ・フロー）を図表3-50の金利で計算すると1.6百万円のプラスです。

- 純決済額＝1,000百万円×（0.5%－0.18%）×0.5年＝1.6百万円

　一方，金利スワップの評価額は，10年スワップレート（0.75%）が受取金利0.5%よりも大きいことから評価損になることは想像できると思います。10年スワップレートを用いて大雑把に計算すると，現在価値への割引前で－25百万円の評価損が発生しています。

- 割引前評価額（概算）＝想定元本×金利差×10年間
  ＝1,000百万円×（0.5%－0.75%）×10年＝－25百万円

※上記は概算額を計算するためのもので，正確に計算すると，金利スワップの評価額は約24百万円（割引前評価額は約26百万円）です（計算過程は**図表3‐51**）。

【図表 3 – 51：金利スワップの評価（単位：百万円）】

決済回数	年数	DFi	DFi−1	想定元本 (X)	受取金利 (R1)	支払金利 (R2)	純決済額 (Y) (=X×(R1−R2)×Δt)	DCF (Y×DFi)
1	0.5	0.999	1.000	1,000	0.50%	0.18%	1.6	1.6
2	1	0.998	0.999	1,000	0.50%	0.32%	0.9	0.9
3	1.5	0.996	0.998	1,000	0.50%	0.40%	0.5	0.5
4	2	0.993	0.996	1,000	0.50%	0.50%	0.0	0.0
5	2.5	0.991	0.993	1,000	0.50%	0.50%	0.0	0.0
6	3	0.988	0.991	1,000	0.50%	0.50%	0.0	0.0
7	3.5	0.985	0.988	1,000	0.50%	0.58%	− 0.4	− 0.4
8	4	0.982	0.985	1,000	0.50%	0.63%	− 0.6	− 0.6
9	4.5	0.979	0.982	1,000	0.50%	0.68%	− 0.9	− 0.9
10	5	0.975	0.979	1,000	0.50%	0.73%	− 1.1	− 1.1
11	5.5	0.972	0.975	1,000	0.50%	0.78%	− 1.4	− 1.4
12	6	0.967	0.972	1,000	0.50%	0.83%	− 1.7	− 1.6
13	6.5	0.963	0.967	1,000	0.50%	0.88%	− 1.9	− 1.8
14	7	0.959	0.963	1,000	0.50%	0.93%	− 2.2	− 2.1
15	7.5	0.954	0.959	1,000	0.50%	0.99%	− 2.4	− 2.3
16	8	0.949	0.954	1,000	0.50%	1.04%	− 2.7	− 2.5
17	8.5	0.944	0.949	1,000	0.50%	1.09%	− 2.9	− 2.8
18	9	0.939	0.944	1,000	0.50%	1.14%	− 3.2	− 3.0
19	9.5	0.933	0.939	1,000	0.50%	1.19%	− 3.5	− 3.2
20	10	0.927	0.933	1,000	0.50%	1.25%	− 3.7	− 3.5
						計	− 25.7	− 24.2

※表示単位未満を四捨五入して表示

　金利スワップの評価方法についてすでに説明しているため，この金利スワップの決済額のプラスと，時価評価額のマイナスの関係は，ある程度は理解できると思います。

　金利スワップに限らず，すべてのデリバティブ取引は，決済額と時価評価額には何の関係もないことを理解しておく必要があります。

5. 事例演習：契約書サンプルから評価を行う

（1） 通常の金利スワップ取引

　虎ノ門銀行が，目黒セラミックに提案した金利スワップは以下のようなもの
でした。この金利スワップの評価をしてみましょう。

取引当事者A	目黒セラミック
取引当事者B	虎ノ門銀行
想定元本	10億円
期間	5年間
受取金利	6カ月円TIBOR
支払金利	0.7％（年率）
金利決定日	各金利計算期間の開始日に決定
受渡サイクル	6カ月
受渡日	各金利計算期間の終了日に受取額と支払額の純額を決済する

※上記の決済条件は，目黒セラミックからみた場合のものです。

　なお，評価時点の金利は**図表3－52**とします。

【図表 3 – 52：評価時点の金利】

期間	金利
0.5年	0.18%
1 年	0.25%
1.5年	0.30%
2 年	0.35%
2.5年	0.38%
3 年	0.40%
3.5年	0.43%
4 年	0.45%
4.5年	0.48%
5 年	0.50%

【計算式 3 – 1：ディスカウント・ファクターの計算式】

$$DF_i = \frac{1 - r_i \cdot \Delta t \cdot \sum_{k=1}^{i-1} DF_k}{1 + r_i \cdot \Delta t}$$

DF_i：i 回目の決済におけるディスカウント・ファクター

i ：時点（i 回目の決済）

Δt：決済の間隔（年）

r_i ：i 回目の決済におけるスワップレート

k ：変数（ここでは，$k = 1, 2, \cdots, i-1$）

【計算式 3 – 2：フォワード金利の計算式】

$$IFR_i = \frac{\dfrac{DF_{i-1}}{DF_i} - 1}{\Delta t}$$

IFR_i：i 回目の決済におけるフォワード金利（IFR）

i ：時点（i 回目の決済）

Δt：決済の間隔（年）

DF_i：i 回目の決済におけるディスカウント・ファクター

　この結果を利用して金利スワップの価値を計算すると，**図表3-53**のようになります。

【図表3-53：金利スワップの評価額の計算（単位：百万円）】

決済回数	年数	DF	想定元本 A	受取金利 (IFR) RR	支払金利 PR	純決済額 CF= A×(RR−PR)×Δt	現在価値 DCF= CF×DF
1	0.5	0.999	1,000	0.18%	0.70%	−2.6	−2.6
2	1	0.998	1,000	0.32%	0.70%	−1.9	−1.9
3	1.5	0.996	1,000	0.40%	0.70%	−1.5	−1.5
4	2	0.993	1,000	0.50%	0.70%	−1.0	−1.0
5	2.5	0.991	1,000	0.50%	0.70%	−1.0	−1.0
6	3	0.988	1,000	0.50%	0.70%	−1.0	−1.0
7	3.5	0.985	1,000	0.58%	0.70%	−0.6	−0.6
8	4	0.982	1,000	0.63%	0.70%	−0.4	−0.4
9	4.5	0.979	1,000	0.68%	0.70%	−0.1	−0.1
10	5	0.975	1,000	0.73%	0.70%	0.1	0.1
					計	−9.9	−9.9

※表示単位未満を四捨五入して表示

　ここで，受取金利のTIBOR（図表3-53のRR）は，計算式3-2のディスカウント・ファクター（DF）から算定します。IFR（TIBOR）を用いて，受取金利（図表3-53のRR）と支払金利（図表3-53のPR）を計算し，純決済額（図表3-53のCF）を計算します。決済額の割引現在価値（図表3-53のDCF）の合計額が金利スワップの評価額なので，−9.9百万円と計算されました。

（2）　その他の金利スワップ取引

渋谷不動産の長谷川部長は，不動産物件の購入が進まず，安定的なインカムゲインを確保できる手段を探していたところ，丸の内銀行から**図表 3 - 54**の金利スワップの提案を受けました。過去10年以上の間，6 カ月円TIBORが 1 ％を超えたことはなく，6 カ月円TIBORが 1 ％を超えない限り支払金利はゼロなので，長谷川部長は，安定的な資金運用につながると考えています。

契約日の金利スワップの評価額を計算しましょう。

なお，市場金利は**図表 3 - 55**，ボラティリティは30％（年率）とします。

【図表 3 - 54：金利スワップの契約内容】

残存期間	5 年間
想定元本	・ 6 カ月円TIBORが 1 ％以下の場合 :10億円
	・ 6 カ月円TIBORが 1 ％を超える場合 :30億円
受取金利	6 カ月円TIBOR
	初回適用金利 :0.18％
支払金利	・ 6 カ月円TIBORが 1 ％以下の場合： 0 ％（年率）
	・ 6 カ月円TIBORが 1 ％を超える場合： 5 ％（年率）

※上記は渋谷不動産からみた契約内容（丸の内銀行は逆ポジション）

【図表 3 – 55：契約日における市場金利】

期間	金利の種類	金利
O/N	金利の種類	0.05%
6カ月	無担コール	0.18%
1 年	TIBOR	0.25%
1.5年	スワップレート	0.30%
2 年	スワップレート	0.35%
2.5年	スワップレート	0.38%
3 年	スワップレート	0.40%
3.5年	スワップレート	0.425%
4 年	スワップレート	0.45%
4.5年	スワップレート	0.475%
5 年	スワップレート	0.50%

　この金利スワップは，変動金利（6カ月円TIBOR）が1%を超えるかどうかによって決済額が大きく変動します。

　まず，6カ月円TIBORの水準が0.18%から変わらないとすると，支払利息はゼロなので，5年間トータルで9百万円のキャッシュ・インが発生します。

　渋谷不動産の純決済額（5年間）＝1,000百万円×0.18%×5年＝9百万円

　ただし，6カ月円TIBORが1%を超えると，想定元本が3倍になり，年率5%の金利支払が発生します。6カ月TIBORが2%の場合，1回（6カ月間）の決済で−45百万円の支払が発生します。

　渋谷不動産の純決済額（1回の決済）＝3,000百万円×（2%−5%）×0.5
　　年＝−45百万円

　この金利スワップについて，6カ月円TIBORの変動によって1回（6カ月）あたりの純決済額がどのように変化するかを示したものが**図表3−56**です。

　1%までは変動金利が上昇するに従ってキャッシュ・インが増加していき，変動金利が1%を超えるとキャッシュ・アウトになります。変動金利が1%に

超えた後は，変動金利上の上昇によってキャッシュ・アウトの金額が減少していき，5％を超えるとキャッシュ・インに転換します。

この金利スワップは，元本変動のある金利スワップであることに加えて，ある一定の条件（この場合は変動金利が1％を超える）によって決済が行われるデジタルオプション（バイナリーオプションという場合もあります。また，以降では「ギャップ型」と記載している場合もあります）が含まれている，特殊なタイプの金利スワップです。

【図表3‐56：金利変動による決済額の変化】

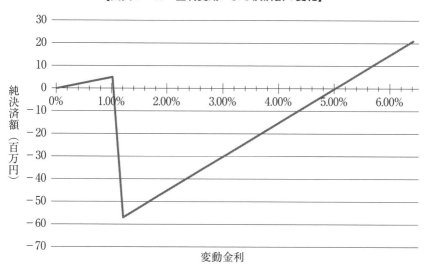

さて，長谷川部長は，過去10年間で6カ月円TIBORが1％を超えたのが1度もないため，今後5年間も超えることはないと思っているようです。実際に契約期間（5年間）で1度もTIBORが1％を超えない可能性も高いと思います。ただし，先ほど説明したように，キャッシュ・フローが常にプラスでも，時価評価額には何の関係もありません。以降で，どのような評価になるかを解説します。

まず，モンテカルロ・シミュレーションで作成した変動金利の推移（30件のみ表示），IFR，支払金利（固定金利），元本変動・支払金利変更のトリガー

（1％）を示したものが，**図表 3 - 57**です。変動金利はトリガーである 1 ％を
下回っているケースが多いものの， 1 ％を超えるケースも発生しています。

【図表 3 - 57：モンテカルロ・シミュレーションにおける金利推移】

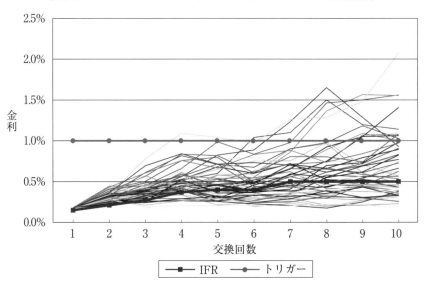

次に，金利スワップの評価を行います。作成した変動金利をもとに，金利ス
ワップのキャッシュ・フロー（純決済額）を計算し，割引現在価値を算定しま
す。この金利スワップの場合は，変動金利が 1 ％を上回ると想定元本が 3 倍
（10億円⇒30億円）に増加し，支払金利が 5 ％（年率）に増加します。

モンテカルロ・シミュレーションで算定した各試行の評価額を2.5百万円ご
とに件数をカウントし，時価評価の分布割合を示したものが**図表 3 - 58**です。

【図表3‒58：金利スワップの時価評価額の分布】

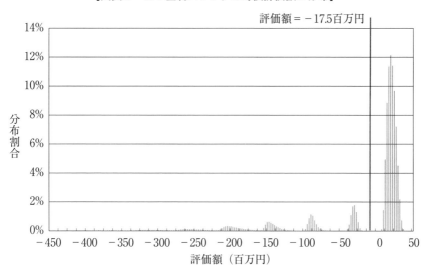

シミュレーションによる評価額の大半はプラス（変動金利が1％以下）ですが，マイナス（変動金利が1％超）の評価額となるものも含まれており，金利スワップの評価額は‒17.5百万円と計算されます。

分布が少し見づらいため，縦軸（分布割合）のレンジを変更したのが，**図表3‒59**です。図表3‒59を見ると，評価額＝0の左側に何個が山のような計上ができているのがわかります。この金利スワップは，変動金利が1％～5％のマイナスの決済が何度発生するかによって，評価額が大きく変動します。すなわち，マイナス決済の発生個数によって，山のような分布が生じます。

分布割合は少ないものの，シミュレーションにおいては，評価額が‒400百万円を超えるものもあり，平均値（スワップの時価評価額）を全体として押し下げているのです。

【図表 3‒59：金利スワップの時価評価額の分布（レンジ変更）】

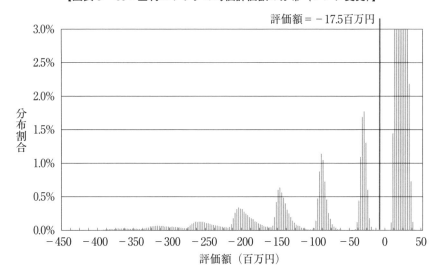

以上のように，特殊なタイプの金利スワップをモンテカルロ・シミュレーションで計算すると，特徴的な評価額の分布が存在することがわかります。

なお，事例では金利スワップにデジタルオプションが含まれていましたが，デジタルオプションは通貨スワップの箇所で説明しているため，ここでは解説を省略します。

6. 金利スワップの特例処理

ヘッジ目的の金利スワップについては，例外的な会計処理方法が用いられており，その会計処理方法を金利スワップの特例処理といいます。ここで少し金利スワップの特例処理について説明します。

まず，金利スワップにヘッジ会計が適用されていない場合，以下のような会計処理が行われます。

① スワップ契約受払日（固定金利と変動金利の差額を損益として計上：受取額のほうが大きい場合）

（借方）　現金預金	10	（貸方）　金利スワップ損益	10

② 決算日（金利スワップの時価を認識：評価益の場合）

（借方）　金利スワップ 　　　　（資産）	100	（貸方）　金利スワップ損益 　　　　（評価益）	100

③ 翌期首（前期末の逆仕訳）

（借方）　金利スワップ損益 　　　　（評価益）	100	（貸方）　金利スワップ 　　　　（資産）	100

　ヘッジ会計が行われている場合は，上記②と③は繰延ヘッジにより次のように会計処理されます。

② 決算日（金利スワップの時価を認識：評価益の場合）

（借方）　金利スワップ（資産）	100	（貸方）　繰延ヘッジ利益（純資産）	100

③ 翌期首（前期末の逆仕訳）

（借方）　繰延ヘッジ利益（純資産）	100	（貸方）　金利スワップ（資産）	100

　金利スワップをキャッシュ・フローヘッジの目的で利用している場合（支払利息の金額を固定化させる場合）は，ヘッジを行っている会社からすれば，借入金の支払金利が，変動金利から固定金利に替わっただけです。実態としては金利を支払っているだけなのにもかかわらず，ヘッジ会計を行わなければならないとなると，非常に煩雑です。

　このような理由から，一定の要件を満たす金利スワップについては，金利ス

ワップの決済額を支払利息として会計処理する簡便法（特例処理）が認められています。

　すなわち，金利スワップの特例処理とは，想定元本，利息の受払条件，契約期間がヘッジ対象の資産または負債とほぼ同一である場合に，**金利スワップを時価評価せずに金銭の受払の純額を利息に加減する処理**です。

　具体的には，以下のような金利スワップに該当する場合，金融商品会計基準上，特例処理が認められています。

〈金利スワップの特例処理の要件〉

☑ 金利スワップの想定元本と貸借対照表上の対象資産または負債の元本金額がほぼ一致していること

☑ 金利スワップとヘッジ対象資産または負債の契約期間および満期がほぼ一致していること

☑ 対象となる資産または負債の金利が変動金利である場合には，その基礎となっているインデックス（＝指数・指標）が金利スワップで受払いされる変動金利の基礎となっているインデックスとほぼ一致していること

☑ 金利スワップの金利改定のインターバルおよび金利改定日がヘッジ対象の資産または負債とほぼ一致していること

☑ 金利スワップの受払いがスワップ期間を通して一定であること（同一の固定金利および変動金利のインデックスがスワップ期間を通して使用されていること）

☑ 金利スワップに期限前解約オプション，支払金利のフロアーまたは受取金利のキャップが存在する場合には，ヘッジ対象の資産または負債に含まれた同等の条件を相殺するためのものであること

　金利スワップの特例処理を行った場合は，通常の利息支払いと同様に，金銭の支払いを行ったタイミングで，支払利息として会計処理します。

● スワップ契約受払日（固定金利の支払額を利息として計上）

（借方）　現金預金	10	（貸方）　支払利息（損益）	10

為替予約取引

●●●●●●●●●●●●●●●●●●●●●●●●

　為替予約取引は，デリバティブの種類でいうと先渡取引に該当し，「将来の一定の時点において，一定の為替レート（フォワード・レート）で通貨を売買する契約」です。

　為替取引においては，契約日の為替レートを「スポット・レート」，為替予約レートを「フォワード・レート」といいますが，本章では，なぜ為替予約取引が必要で，為替予約レートは何を意味しているのかについて解説します。

1.　為替予約取引はどんな時に必要か？

◆ ◆ ◆

　虎ノ門銀行の加藤さんは，ECサイトを運営している八重洲トレーディングの山田部長を訪問しました。八重洲トレーディングは，海外企業との取引（売上・仕入）が多く，日本円以外のポジションを多額に有しています。毎年多く発生する為替差損益をどのように抑えていくかについて，頭を悩ませているようです。

山田部長：ここ1〜2年で急に外貨建の債権債務が増えてきたので，為替レートの変動が決算に大きく影響してくるようになってきました。なるべく為替差損益を発生させないように調整しているんですが，正直，うまくいっていません。

加藤さん：デリバティブの契約一覧を見ると，今期に入ってから為替ヘッジの為替予約も増えてきていますね。ただ，月次試算表の債権債務の金額と比較すると，少し為替予約の取引金額が大きいように思います。オーバー

ヘッジになっていませんか？

山田部長：いくつかの取引先の決済サイクルが複雑で，ヘッジが完全にできていないようです。為替予約のヘッジが債権債務と比べて，大きい時もあれば，小さい時もあるような状況です。

加藤さん：個別ヘッジするにしても，件数が多いから現実的ではないですし，少し考えさせてください。

◆ ◆ ◆

八重洲トレーディングの外貨建債権・債務（この場合は，売掛金と買掛金）は図表４‐１のとおりです。

【図表４‐１：１ドル100円の場合の外貨建債権債務の例】

勘定科目	通貨	外貨額	円貨額
売掛金	米ドル	５百万ドル	500百万円
買掛金	米ドル	３百万ドル	300百万円

八重洲トレーディングは５百万ドルの外貨建債権と３百万ドルの外貨建債務を有しており，１米ドル＝100円で円換算すると，外貨建債権は500百万円，外貨建債務は300百万円です。ただし，円貨額は為替レートと共に変動します。

八重洲トレーディングは，５百万ドルを受け取り，３百万ドルを支払いますが，支払額の３百万ドルは受取額の一部から支払えば良いため，米ドルの債権債務のうち３百万ドルの為替リスクはありません。

外貨建債権債務の差額を「エクスポージャー」といいますが，これは為替レートの変動リスクにさらされている金額という意味です。八重洲トレーディングの場合は，２百万米ドルのエクスポージャーを有しています（**図表４‐２**）。

【図表４‐２：八重洲トレーディングのエクスポージャー】

勘定科目	通貨	外貨額	
売掛金	米ドル	５百万ドル	A
買掛金	米ドル	－３百万ドル	B
エクスポージャー	米ドル	２百万ドル	A－B

外貨建債権債務の円換算額を為替レートの変動に応じて記載したのが**図表4－3**です。

為替レートが1米ドル＝100円の場合，受取額は500百万円，支払額は300百万円で，差額（純受取額）は200百万円です。

為替レートが80円/米ドルに変化すると，受取額は400百万円，支払額は240百万円で，差額（純受取額）は160百万円です。

為替レートが100円/米ドルから80円/米ドルに変化すると，八重洲トレーディングの受取額（円貨額）は，40百万円（200百万円－160百万円）減少します。この金額は，債権債務の米ドル建差額（エクスポージャー）と為替レート変化から算定した金額，2百ドル（米ドル建債権債務の差額）×20円/米ドル（為替レート）＝40百万円と同額です。

【図表4－3：為替レートによる純受取額の変動】

科目	金額	為替レート（円/米ドル）			
		80	100	120	
売掛金（受取額）	5百万ドル	400百万円	500百万円	600百万円	A
買掛金（支払額）	3百万ドル	240百万円	300百万円	360百万円	B
差額（純受取額）	2百万ドル	160百万円	200百万円	240百万円	A－B

外貨建ての債権・債務を管理する時は，通貨ごとに各債権・債務をネット（純額）で考えます。すなわち，通貨ごとに，幾らの為替リスクを有しているかを計算して，ヘッジをするのです。

為替リスクのヘッジ手段（リスクを回避する方法）の代表的な手法は，為替予約です。

1米ドル＝100円の外貨建債権を純額で2百万ドル保有している場合，為替レートの差額によって**図表4－4**のような損益（プラスが利益，マイナスが損失）が発生します。

【図表4‒4：為替予約がない場合の為替差損益】

内訳	金額	為替レート（円/ドル）		
		80	100	120
外貨建債権	2百万米ドル	−40百万	0	40百万円

　2百万円の為替予約（米ドル売り）を100円/米ドルで契約した場合，為替レートの変動によって発生する損益は**図表4‒5**です。

【図表4‒5：外貨建債権と為替予約】

内訳	金額	為替レート（円/米ドル）			
		80	100	120	
外貨建債権	2百万米ドル	−40百万円	0	40百万円	A
為替予約	−2百万米ドル	40百万円	0	−40百万円	B
差額	0	0	0	0	A+B

　為替予約は，決済時の為替レートを確定するため，1米ドル＝80円に下がった場合も1米ドル＝100円でドルを売却できます。この場合は，2百万米ドル×20円/米ドル（100円−80円）＝40百万円の利益が発生します。

　円高（1米ドル100円→80円）によって外貨建債権は40百万円の損失が発生するものの，その損失を為替予約による40百万円の利益でカバーできるので，八重洲トレーディングの為替リスクはゼロになります。

　このように，為替予約取引は，企業が抱える為替リスクをヘッジするために必要な手段といえます。

2. 為替予約が意味するもの

　先ほど説明したように，為替予約は将来の為替レートを固定する取引です。為替予約に用いる為替予約レート（フォワード・レート）はスポット・レートとは異なり，その差は，通貨間の金利差によって生じます。

　序章でも出てきましたが，為替予約は将来時点の通貨先渡取引なので，金利

を加味したそれぞれの通貨のフォワード・レートの価値が等しくないと，リスクなしに儲ける（裁定取引：アービトラージ）ことができます。

　米ドルと日本円の為替レート（スポット・レート）が100円/米ドル，日本円の金利が１％，米ドルの金利が３％の場合，日本円で100百万円を１年間運用すると101百万円（100百万円×（1+1%）），米ドルで１百万米ドルを１年間運用すると1.03百万米ドルです。１年間運用した後の日本円，米ドルが違いますが，これは日米の金利差が2%あるためです。

　金利差はあるものの，１年間運用した場合の日本円と米ドルの価値は等しいはずなので，１年後の101百万円＝１年後の1.03百万米ドルが成立しなければいけません。この２つの通貨の将来価値を等しくするための金利の調整が為替予約レートです。

　米ドルと日本円の為替レート（スポット・レート）が100円/米ドル，日本円の金利が１％，米ドルの金利が３％の場合，５年後に決済する為替予約レートは，

　　日本円の５年後の価値＝100万円×(1+1%)^{5}年

　　米ドルの５年後の価値＝100万円÷100円/米ドル×(1+3%)^{5}年×為替予約レート

の２式の解が等しくなければなりません。この前提に立つと，

$$100 \times (1+1\%)^5 = \frac{100}{100} \times (1+3\%)^5 \times 為替予約レート$$

$$為替予約レート = 100 \times \frac{(1+1\%)^5}{(1+3\%)^5} = 90.66円/米ドル$$

となります。

　このように，為替予約レートは通貨間の金利差がゼロになるという考え方で計算します。

3. 為替予約レートの作成方法

　為替予約レートの作成は，評価時点での為替スポットレートと金利水準から計算します。この考え方は，現在の市場が予想している金利水準での為替予約の計算方法であり，将来の為替レートが為替予約レートと同じになることを意味しているわけではありません。たまに誤解している人がいるのですが，**5年の為替予約レートは，5年後の実際の為替レートと何の関係もありませんので**，ご注意下さい。

　さて，日本円と米ドルの為替予約レートは，次の計算式で算定します。

$$FR = FX \times \frac{DF_{USD}}{DF_{JPY}}$$

　　FR：為替予約レート
　　FX：為替スポットレート
　　DF_{USD}：米ドルのディスカウント・ファクター（現在価値係数）
　　DF_{JPY}：日本円のディスカウント・ファクター（現在価値係数）

　ここで，DFは『第2章5.（3）ディスカウント・ファクター』で説明した現在価値係数で，それぞれの通貨の金利で計算します。この式は，日本円と米ドルの将来価値が等しくなるように計算されるレートが為替予約レートであることを表しています。

　日本円と米ドルの為替スポット・レートが100円/米ドルでした。各通貨の金利水準が**図表4－6**の場合，2年間の為替予約レート（JPY/USD）を計算しなさい。

【図表4－6：各通貨の金利水準】

期間	年数	円金利	米ドル金利
6カ月	0.5	0.18%	0.50%
1年	1	0.25%	0.70%
2年	2	0.35%	0.90%

【解答例1】

金利のみで単純に計算すると，以下のように計算できます。

$$DF_{JPY} = \frac{1}{\left(1+0.35\%\right)^2} = 0.993\cdots$$

$$DF_{USD} = \frac{1}{\left(1+0.90\%\right)^2} = 0.982\cdots$$

DFを利用して計算すると，為替予約レートは以下のように計算できます。

$$FR = FX \times \frac{DF_{USD}}{DF_{JPY}} = 100 \times \frac{0.982\cdots}{0.993\cdots} = 98.91円/米ドル$$

【解答例2】

ここでは，為替予約レート（フォワード・レート）を計算するために，まず，各通貨のディスカウント・ファクター（DF）を計算します。DFは，「第2章5.（4）ブートストラップ法」で説明した計算方法で算定します。

まず，日本円のDFを計算します。0.5年ごとに円金利を利用してDFを計算したものが**図表4－7**です。

【図表4－7：DF（JPY）の計算】

年数	金利	DF	計　算　式
0.5	0.18%	0.999	$\dfrac{1}{1+0.18\%\times0.5年}$
1	0.25%	0.998	$\dfrac{1-0.25\%\times0.5年\times0.999}{1+0.25\%\times0.5年}$
1.5	0.30%	0.996	$\dfrac{1-0.30\%\times0.5年\times(0.999+0.998)}{1+0.30\%\times0.5年}$
2	0.35%	0.993	$\dfrac{1-0.35\%\times0.5年\times(0.999+0.998+0.996)}{1+0.35\%\times0.5年}$

※1.5年の金利は，1年と2年の金利を線形補間して計算している

次に，米ドルの金利から0.5年ごとにDFを計算したのが**図表4‒8**です。

【図表4‒8：DF（USD）の計算】

年数	金利	DF	計　算　式
0.5	0.5%	0.998	$\dfrac{1}{1+0.5\%\times0.5年}$
1	0.7%	0.993	$\dfrac{1-0.7\%\times0.5年\times0.998}{1+0.7\%\times0.5年}$
1.5	0.8%	0.988	$\dfrac{1-0.8\%\times0.5年\times(0.998+0.993)}{1+0.8\%\times0.5年}$
2	0.9%	0.982	$\dfrac{1-0.9\%\times0.5年\times(0.998+0.993+0.988)}{1+0.9\%\times0.5年}$

※1.5年の金利は，1年と2年の金利を線形補間して計算している

計算の結果，$DF_{JPY}=0.993\cdots$，$DF_{USD}=0.982\cdots$なので，DFを利用して計算すると，為替予約レートは以下のように計算されました。

$$FR = FX \times \frac{DF_{USD}}{DF_{JPY}} = 100 \times \frac{0.982\cdots}{0.993\cdots} = 98.91円/米ドル$$

なお，（各国の中央銀行の金融緩和政策による異常な利下げやマイナス金利を除けば），日本の金利水準は他の先進諸外国と比較して，歴史的に低い水準にあります。すなわち，デリバティブを評価する際に利用するフォワードレート（為替予約レート）は，年数に応じた期間構造（タームストラクチャー）が円高方向（為替レートが下がる方向）になるのです。

たとえば，為替レートが100円/米ドル，日本円と米ドルの金利が**図表4‒9**とすると，DFは**図表4‒10**，フォワード・レートは**図表4‒11**のような形状になります。

【図表４－９：日本円と米ドルの金利】

期間	円金利	米ドル金利
６カ月	0.18%	0.50%
１年	0.25%	0.70%
２年	0.35%	0.90%
３年	0.40%	1.10%
５年	0.50%	1.50%
７年	0.60%	1.80%
10年	0.75%	2.10%
20年	1.40%	2.50%
30年	1.80%	2.70%

図表４－10：日本円と米ドルのディスカウント・ファクター】

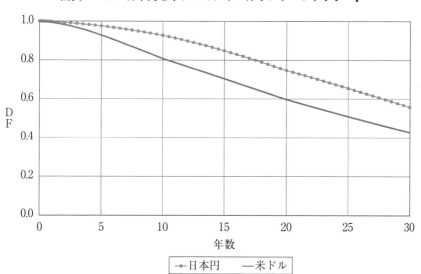

図表 4 – 11：日本円と米ドルの為替予約レート】

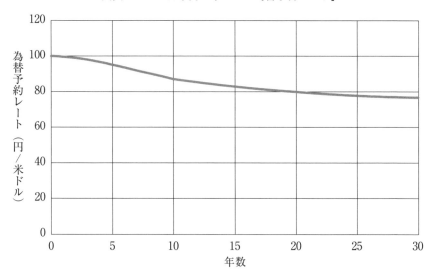

4. 事例演習：契約書サンプルから評価を行う

　ここでは，上記で学習したことを利用して，契約書に記載される契約条件を元に為替予約取引の評価を行ってみましょう。

（1） 通常の為替予約取引

　まず，通常の為替予約取引について，評価額を計算します。

 例 題

> 八重洲トレーディングが丸の内銀行と契約した為替予約取引は，**図表 4 – 12**の通りです。
> 為替スポット・レートが100円/米ドル，各通貨の金利水準が**図表 4 – 13**の場合，この為替予約取引の時価評価額（八重洲トレーディング側）を計算しなさい。

【図表 4 – 12：為替予約契約】

米ドルの買い手	八重洲トレーディング
米ドルの売り手	丸の内銀行
残存期間	1 年間
元本	1 百万米ドル
為替予約レート	100円/米ドル

【図表 4 – 13：各通貨の金利水準】

期間	年数	円金利	米ドル金利
6 カ月	0.5	0.18%	0.50%
1 年	1	0.25%	0.70%

【解答例】

まず，DFを金利のみで以下のように計算します。

$$DF_{JPY} = \frac{1}{1+0.25\%} = 0.997506\cdots$$

$$DF_{USD} = \frac{1}{1+0.70\%} = 0.993049\cdots$$

DFを利用して計算すると，為替予約レートは以下のように計算できます。

$$FR = FX \times \frac{DF_{USD}}{DF_{JPY}} = 100 \times \frac{0.993049\cdots}{0.997506\cdots} = 99.55313円/米ドル$$ （小数点第 6 位以下を四捨五入）

契約上の為替予約レートは100円/米ドルですが，現在の為替予約レートは99.55313円/米ドルなので，八重洲トレーディングの為替予約取引の時価評価損益は，以下のように計算します。

為替予約取引の評価損益＝元本×為替予約レートの差×DF（ 1 年後の現在

価値係数）

= 1 百万米ドル×（99.55313円/米ドル－100円/米ドル）×0.997506

= －0.446百万円（小数点第 4 位以下を四捨五入）

　なお，為替予約レートから発生する損益は，あくまで 1 年後の損益なので，1 年間の割引現在価値が時価評価額です。

（2）　その他の為替予約取引

◆ ◆ ◆

　八重洲トレーディングは，毎月 1 百万ドルの米ドルを仕入先に支払わなければなりません。その際の為替レートの変動リスクをヘッジするために，八重洲トレーディングの山田部長は，丸の内銀行の岡本次長に相談しました。

山田部長：当社は米国から毎月 1 百万ドルの仕入れをしていて，仕入れから資金決済までの期間で為替レートが変動してしまい，毎月為替差損益が発生してしまいます。何かいい方法はありませんか？

岡本次長：それでは，為替の包括予約はどうですか？　包括予約は外貨建取引の決済状況に応じて，毎月の決済見込額を包括的に為替予約していく方法です。

　普通の為替予約は，「個別予約」といわれる取引ごとに個別に予約を行うものですが，包括予約は，個別の為替予約を行うのではなくて，1 回で複数の為替予約をすることができるものです。

　今回のケースでは，毎月 1 百万ドルの為替予約を24回連続で行うことで，2 年間の為替レートを固定することができます。

山田部長：それはいいですね。是非，お願いします。

◆ ◆ ◆

　通常の為替予約取引は，丸の内銀行の岡本次長が言ったように，たとえば 1 年後の米ドル/日本円の為替レートを固定する契約（個別予約）なので，1 つの取引は 1 回だけ資金の受払が行われます。

　ただし，継続的に為替予約が必要な会社（毎月 1 百万ドルの部品を海外から仕入れている会社など）は，為替予約が 1 回だけではなく，毎月必要です。八

重洲トレーディングの場合，月1百万ドルの資金決済が必要なので，1百万ドルを日本円で24カ月間購入する為替予約を締結します。

　スワップは，「何かと何かを交換する取引」と説明しましたが，24カ月間の米ドルと日本円を交換（予約）する取引を為替予約取引ともいいますし，通貨スワップともいいます。

　この取引を「24カ月間にわたって通貨を交換する」と考えた場合は，「通貨スワップ」という呼び方になり，「為替予約取引を24回連続で行う」と考えた場合は，「為替予約」という呼び方になります。

　ただし，呼び方は違えど，全く同じ取引なので，混乱せずに本質をよく理解してください。

八重洲トレーディングの山田部長が丸の内銀行の岡本次長から提案された為替予約取引は**図表4‒14**でした。為替スポット・レートは100円/米ドル，日本円，米ドルの金利を**図表4‒15**として，この為替予約取引の評価額（八重洲トレーディング側）を計算しましょう。

【図表4‒14：丸の内銀行が提案した為替予約取引】

取引形態	毎月リセット型米ドル買い／円売り予約
計算代理人	丸の内銀行
米ドルの買い手	八重洲トレーディング
米ドルの売り手	丸の内銀行
営業日	東京（修正翌営業日）
受渡日	契約後2年間までの毎月末営業日 （計24回）
リセット日	受渡日の2営業日前
元本	1百万米ドル
為替予約レート	100円/米ドル

【図表 4 - 15：日本円と米ドルの金利】

期間	円金利	米ドル金利
O/N	0.05%	0.20%
1 カ月	0.10%	0.30%
3 カ月	0.15%	0.40%
6 カ月	0.18%	0.50%
1 年	0.25%	0.70%
2 年	0.35%	0.90%

【解答例 1】

　為替予約の時価評価額を計算する方法はいくつかありますが，ここでは，各通貨のディスカウント・ファクター（DF）から為替フォワード・レートを計算する方法を説明します。

　DFの計算方法，フォワード・レートの計算方法は既に説明をしているため，ここでは計算過程の詳細な説明は省略します。

【図表 4 - 16：フォワード・レートと為替予約レートの比較】

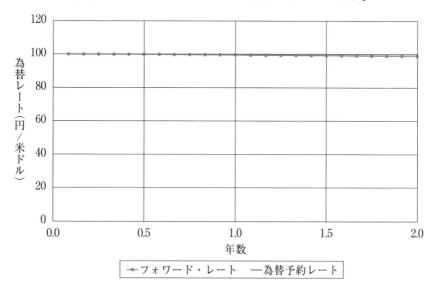

　まず，フォワード・レートと為替予約レート（100円/米ドル）を比較した
ものが**図表4－16**です。フォワード・レートは，金利差で計算するため，年数
の経過に従って円高方向（為替レートが小さくなる方向）になります。ただ，
期間が2年なのでフォワード・レートと為替レートにはほとんど差が生じませ
ん。

　次に，フォワード・レートと為替予約レートを利用して，決済日における純
決済額（キャッシュ・フロー，CF）を計算し，その割引現在価値を算出しま
す。計算の結果，この為替予約取引の時価評価額は，－11.9百万円（小数点第
2位以下を四捨五入）と計算されました（**図表4－17**）。

【図表4－17：為替予約取引の時価評価】

月数	年数	DF JPY A	DF USD B	フォワード・レート C=FX•B/A	為替予約レート D		元本 (千米ドル) E	受取額 (千円) F=E•C	支払額 (千円) G=E•D	CF (千円) H=F－G	現在価値 (千円) H•A
1	0.08	1.000	1.000	99.98	100		1,000	99,983	100,000	－17	－17
2	0.17	1.000	0.999	99.96	100		1,000	99,962	100,000	－38	－38
3	0.25	1.000	0.999	99.94	100		1,000	99,936	100,000	－64	－64
4	0.33	0.999	0.999	99.91	100		1,000	99,907	100,000	－93	－93
5	0.42	0.999	0.998	99.87	100		1,000	99,874	100,000	－126	－126
6	0.50	0.999	0.997	99.84	100		1,000	99,837	100,000	－163	－163
7	0.58	0.999	0.997	99.80	100		1,000	99,796	100,000	－204	－204
8	0.67	0.999	0.996	99.75	100		1,000	99,746	100,000	－254	－254
9	0.75	0.998	0.995	99.70	100		1,000	99,703	100,000	－297	－297
10	0.83	0.998	0.995	99.65	100		1,000	99,653	100,000	－347	－346
11	0.92	0.998	0.994	99.59	100		1,000	99,594	100,000	－406	－405
12	1.00	0.998	0.993	99.54	100		1,000	99,542	100,000	－458	－457
13	1.08	0.997	0.992	99.49	100		1,000	99,494	100,000	－506	－504
14	1.17	0.997	0.991	99.45	100		1,000	99,446	100,000	－554	－552
15	1.25	0.997	0.991	99.40	100		1,000	99,398	100,000	－602	－600
16	1.33	0.996	0.990	99.35	100		1,000	99,350	100,000	－650	－647
17	1.42	0.996	0.989	99.30	100		1,000	99,302	100,000	－698	－695
18	1.50	0.996	0.988	99.25	100		1,000	99,254	100,000	－746	－743
19	1.58	0.995	0.987	99.20	100		1,000	99,196	100,000	－804	－800
20	1.67	0.995	0.986	99.14	100		1,000	99,139	100,000	－861	－857
21	1.75	0.994	0.985	99.08	100		1,000	99,081	100,000	－919	－914
22	1.83	0.994	0.984	99.02	100		1,000	99,023	100,000	－977	－971
23	1.92	0.993	0.983	98.97	100		1,000	98,965	100,000	－1,035	－1,028
24	2.00	0.993	0.982	98.91	100		1,000	98,907	100,000	－1,093	－1,085
						計	24,000	2,388,089	2,400,000	－11,911	－11,858

※表示単位未満を四捨五入して表示

【解答例2】

　次に，この包括為替予約取引をオプション取引として計算をしてみます。

　毎月1回の為替予約取引を24回（2年間）行うわけですが，オプション取引としては「米ドルを100円/米ドルで買う権利（コールオプション）」を購入し，「米ドルを100円/米ドルで売る権利（プットオプション）」を売却するのと同じです。この包括為替予約取引をオプション取引として考えた場合は，**図表4-18**のようにコールオプションの購入（ロング）とプットオプションの売却（ショート）を毎月満期で24カ月分契約するのと同じです。

【図表4-18：オプション取引としての包括為替予約取引】

満期	契約するオプション取引
1カ月後	・1百万米ドルを1億円で購入する権利（コールオプション）の購入 ・1百万米ドルを1億円で売却する権利（プットオプション）の売却
2カ月後	・1百万米ドルを1億円で購入する権利（コールオプション）の購入 ・1百万米ドルを1億円で売却する権利（プットオプション）の売却
<中略>	
23カ月後	・1百万米ドルを1億円で購入する権利（コールオプション）の購入 ・1百万米ドルを1億円で売却する権利（プットオプション）の売却
24カ月後	・1百万米ドルを1億円で購入する権利（コールオプション）の購入 ・1百万米ドルを1億円で売却する権利（プットオプション）の売却

　すなわち，包括為替予約取引の時価評価を行うためには，コールオプションとプットオプションを毎月満期でオプション価値を24カ月分計算すればいいのです。ここでは，BSモデルを利用してオプション価値を計算します。BSモデルの計算式及び計算方法は『第2章7．（1）ブラック＝ショールズ・モデル』で説明しましたが，通貨オプションを計算する際には，予想配当利回りを外貨金利に置き換えて，下記のように計算式を修正します。

【BSモデルによるコールオプションの計算式（通貨オプション）】

$$c = S_0 e^{-r_2 T} N(d_1) - K e^{-r_2 T} N(d_2)$$

$$d_1 = \frac{\ln\left(\frac{S_0}{K}\right) + \left(r_1 - r_2 + \frac{\sigma^2}{2}\right)T}{\sigma\sqrt{T}},\ d_2 = d_1 - \sigma\sqrt{T}$$

c：コールオプションのプレミアム

$N(d_i)$：標準正規分布の累積密度関数

S_0：評価時の為替レート

K：権利行使価格

r_1：リスクフリーレート（日本円金利）

r_2：リスクフリーレート（外貨金利）

T：満期までの期間(年)

σ：ボラティリティ

　ちなみに，プットオプションは，以下のBSモデルで計算するか，プットコールパリティを利用して計算します。

【BSモデルによるプットオプションの計算式】

$$p = S_0 e^{-r_2 T}\{N(d_1) - 1\} - K e^{-r_1 T}\{N(d_2) - 1\}$$

p:プットオプションのプレミアム

【プットコールパリティによるプットオプションの計算式】

$$p = c - S_0 e^{-r_2 T} + K e^{-r_1 T}$$

　ボラティリティを20％（年率）として，上記のBSモデルを利用して計算したのが，**図表4-19**です。

　為替予約の価値＝コールオプションの価値－プットオプションの価値

なので，1カ月～24カ月のオプション価値の差額（コール－プット）を合計した－11.8百万円（小数点第2位以下を四捨五入）が，包括為替予約取引の評価

【図表4‒19：オプション取引として評価した包括為替予約取引】

月数	年数	金利 (日本円)	金利 (米ドル)	コール プレミアム (%) A	プット プレミアム (%) B	元本 (千米ドル) C	コール価値 (ロング) (千円) D=A・C	プット価値 (ショート) (千円) E=B・C	差引 (千円) F=D−E
1	0.08	0.10%	0.30%	2.29	2.31	1,000	2,294	2,311	− 17
2	0.17	0.13%	0.35%	3.24	3.27	1,000	3,236	3,274	− 38
3	0.25	0.15%	0.41%	3.95	4.02	1,000	3,953	4,017	− 64
4	0.33	0.16%	0.44%	4.55	4.65	1,000	4,553	4,646	− 93
5	0.42	0.17%	0.47%	5.08	5.20	1,000	5,077	5,203	− 126
6	0.50	0.18%	0.51%	5.55	5.71	1,000	5,546	5,710	− 163
7	0.58	0.19%	0.54%	5.97	6.18	1,000	5,974	6,178	− 204
8	0.67	0.20%	0.59%	6.36	6.62	1,000	6,364	6,618	− 254
9	0.75	0.21%	0.61%	6.73	7.03	1,000	6,732	7,030	− 298
10	0.83	0.22%	0.64%	7.07	7.42	1,000	7,075	7,423	− 348
11	0.92	0.24%	0.69%	7.39	7.80	1,000	7,393	7,800	− 407
12	1.00	0.25%	0.71%	7.70	8.16	1,000	7,701	8,158	− 458
13	1.08	0.26%	0.72%	8.00	8.50	1,000	7,997	8,499	− 503
14	1.17	0.27%	0.74%	8.28	8.83	1,000	8,279	8,828	− 549
15	1.25	0.28%	0.75%	8.55	9.15	1,000	8,550	9,146	− 596
16	1.33	0.28%	0.77%	8.81	9.45	1,000	8,810	9,454	− 644
17	1.42	0.29%	0.78%	9.06	9.75	1,000	9,060	9,753	− 694
18	1.50	0.30%	0.80%	9.30	10.04	1,000	9,300	10,044	− 744
19	1.58	0.31%	0.82%	9.53	10.33	1,000	9,531	10,329	− 798
20	1.67	0.32%	0.83%	9.75	10.61	1,000	9,753	10,606	− 853
21	1.75	0.33%	0.85%	9.97	10.88	1,000	9,968	10,878	− 909
22	1.83	0.33%	0.87%	10.18	11.14	1,000	10,176	11,143	− 967
23	1.92	0.34%	0.88%	10.38	11.40	1,000	10,377	11,403	− 1,026
24	2.00	0.35%	0.90%	10.57	11.66	1,000	10,572	11,658	− 1,086
					計	24,000	178,273	190,112	− 11,839

※日本円と米ドル金利については，図表4‒15から月数に応じた金利を線形補間して作成している。
また，上記の時価評価額は，補間方法等の差により，解答例1で計算した結果と若干の差（時価評価額の0.2%）が生じている。上表は表示単位未満を四捨五入して表示している。

額となります。

　ここでは2つの計算方法で包括為替予約取引の評価を行いました。解答例2として説明したオプション評価手法は汎用性が高いため，考え方を理解しておいてください。

　さて，本件の24カ月の包括為替予約取引によって，八重洲トレーディングは契約時点で約12百万円の評価損が発生し，逆に，丸の内銀行には約12百万円の利益が発生します。

❖ ❖ ❖

丸の内銀行に戻った岡本次長は，デリバティブ部署の田中調査役と話しています。

> 岡本次長：田中君。資料ありがとう。八重洲トレーディンと為替予約取引が取れそ
> うだよ。
> 田中調査役：どういたしまして。岡本次長が2年とおっしゃったので，2年に設定
> しましたが，期間が短いので，儲けはあまりでませんよ。12百万円しか
> 抜けませんが，最初はこんなもんですかね？
> 岡本次長：いいんじゃないかな。最初からあまり複雑なデリバティブを進めてもし
> かたないしさ。次回も，よろしく！

❖ ❖ ❖

5. 為替予約特有の会計処理

　為替予約をヘッジ手段として利用する場合，ヘッジ対象である外貨建資産・負債，ヘッジ手段である為替予約の両方ともが時価評価されるため，基本的にヘッジ会計の適用の必要がありません。外貨建その他有価証券について時価ヘッジを適用する場合しか，ヘッジ会計が必要な場合はありません。

　ただし，多数の外貨建取引と為替予約を行う会社の場合，為替差損益を認識するのは煩雑との理由で，例外処理と特例処理（振当処理）という為替予約特有の会計処理が認められています。例外処理と特例処理（振当処理）は，ヘッジ手段である為替予約取引を，ヘッジ対象である外貨建取引の前に行うか，後に行うかの違いしかありません（**図表4−20**）。それぞれについて，簡単に説明をします。

【図表4−20：例外処理と特例処理（振当処理）の違い】

会計処理方法	ヘッジ手段	ヘッジのタイミング
例外処理	為替予約取引	外貨建取引の前
振当処理	為替予約取引	外貨建取引の後

（1） 例外処理

まず，例外処理とは，外貨建取引（売上，仕入など）の前に為替予約が締結された場合，外貨建取引（売上，仕入など）および金銭債権債務等（売掛金，買掛金）に為替予約レートを用いることができる会計処理です。例題をもとに解説します。

> 八重洲トレーディングの山田部長は，4月30日に外貨建仕入1百万米ドルが発生する予定であるため，4月29日に100円/米ドルで為替予約を行いました。4月30日の為替レートは103円/米ドルで，決済日（5月31日）の為替レートは105円/米ドルでした。
> 一連の取引を例外処理で会計処理しましょう。

＜解答＞

例外処理は，為替予約レートをそのまま外貨建取引（本件の場合は，外貨建仕入）に用いる方法です。当日の為替予約レートは103円/米ドルですが，為替予約レート100円/米ドルで会計処理を行います。

● 仕入時：4月30日

仕入	100百万円	買掛金	100百万円

● 決済日：5月31日

買掛金	100百万円	現預金	100百万円

このように，例外処理は，為替レートの変動を一切無視できるため，非常に簡単に会計処理が行えます。

（2） 特例処理（振当処理）

次に，振当処理について説明します。振当処理は，外貨建取引を行った後に，為替予約を行う場合の会計処理方法です。先ほどの例外処理ほど簡単ではありませんが，同じく例題をもとに説明します。

例　題

1月31日，外国から商品を輸入している八重洲トレーディング（決算日：3月31日）が，米国の会社から1百万ドルの商品を購入しました（購入時為替レート：100円/米ドル）。代金決済は，3カ月後の4月30日です。財務担当の山田部長は，円安が進行するのではないかと思っています。

2月28日に為替レートが105円/米ドルになったので，山田部長は自分の予想が的中することを恐れて，103円/米ドルで為替予約を行いました。

【図表 4 – 21：八重洲トレーディングの為替予約】

日　付	内　容	為替レート	レート種類
1月31日	商品購入	100	直物レート
2月28日	為替予約	105	直物レート
4月30日	代金決済	103	先物レート

　この場合，直物レートとは，為替スポットレートのことです。先物レートは，為替予約レートです。

　振当処理では，購入時の為替スポットレートと為替予約時の為替スポットレートの差を「直直差額」といいます。為替予約時の為替スポットレートと為替予約レート（先物レート）の差を「直先差額」といいます。

　これらを，図示したのが図表 4 – 22です。

【図表 4 – 22：為替レートの種類】

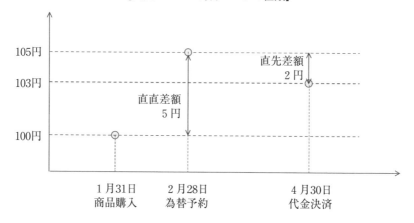

振当処理は，為替予約を時価評価せずに，会計処理する方法です。

具体的には，「直直差額」については，為替予約によって決済額が固まったことによってこれまでの為替レート変動を清算して，その時点で損益を認識します。

これに対して，「直先差額」は為替予約時から代金決済時まで為替予約レートで固定されているので，為替予約時の為替レートと為替予約レートの差額は，為替予約に掛かったコストとして考えられます。このため，「直先差額」は為替予約の開始時から終了時まで期間按分して損益を認識します。

すなわち，図表 4 – 22のように，直直差額 5 円（損失 5 円），直先差額 2 円（利益 2 円）の会計処理は以下のようになります。

① 購入時：商品の仕入時点（1 月31日）

| （借方） 商　品 | 100 | （貸方） 買掛金 | 100 |

② 為替予約時：為替予約の直直差額の損益認識（2月28日）

（借方）　為替差損	5	（貸方）　買掛金	5

③ 決算時：為替予約の直先差額の損益認識（3月31日）

（借方）　買掛金	1	（貸方）　為替差益	1

※直先差額（2円）÷為替予約の期間（2カ月）×経過期間（1カ月）＝1円

④ 決済時：為替予約の直先差額の損益認識（4月30日）

（借方）　買掛金	1	（貸方）　為替差益	1
（借方）　買掛金	103	（貸方）　現金預金	103

※直先差額（2円）÷為替予約の期間（2カ月）×経過期間（1カ月）＝1円

第 5 章

通貨スワップ

● ●

　丸の内銀行の岡本次長は，八重洲トレーディングの山田部長に通貨スワップの提案をしています。山田部長はデリバティブ取引に関してはある程度理解しているつもりでしたが，このタイプの契約を見るのは初めてでした。

岡本次長：今回ご提案する通貨スワップの契約内容は，**図表5－1**のとおりです。
　　　　　この通貨スワップは，1米ドル＝73円以上の場合は確実に儲かります。
　　　　　契約期間は10年と長いのですが，ここ数年の為替レートは100〜120円/米ドルなので，為替レートが1米ドル＝73円を下回るケースは発生しないと思います。
　　　　　たとえば，100円/米ドルで計算すると，1百万米ドル×（100円－73円）＝27百万円が毎月入ってきます。
　　　　　定期預金で運用しても金利はほとんど入ってきませんし，当行の通貨スワップ契約を検討されてはいかがでしょうか？
山田部長：毎月27百万円ももらえるなんて，すごいですね。私も長い間，為替のトレーディングをしていますが，この仕事を始めてから1米ドル＝73円を下回ったことは一度もないので，ほとんどリスクはなさそうですね。
岡本次長：そうなんです。ほとんどリスクがなく儲かる取引なので，特別なお客様以外にこの取引を勧めると，支店長に怒られてしまいます。
　　　　　当行としても，長い間取引を継続していただいているお客様に限定して取引をお勧めしていますので，今回やっと御社にご提案することができました。
山田部長：御行との取引も5年近くになりましたし，やっと1人前の企業として認

められたということでしょうか？

為替関連取引は私の決裁で大丈夫なので，今週中にでも契約させて下さい。

◆ ◆ ◆

【図表5－1：丸の内銀行が提案する通貨スワップの条件】

取引形態	毎月決済型通貨スワップ取引
契約期間	10年間
御社ポジション	米ドル買い／円売り
元本	1百万米ドル ただし，1米ドル＝73円未満の円高になった場合は，5百万米ドルに変更される
基準為替レート	1米ドル＝73円
決済為替レート	各受渡日の2営業日前の為替レート
決済日	契約開始から毎月末日
決済金額（御社サイド）	元本×（決済為替レート－基準為替レート）
現在の為替レート	100円/米ドル

さて，銀行が損する取引をするはずないので，図表5－1の通貨スワップは，丸の内銀行に利益が出る契約のはずです。なぜ，このような契約を丸の内銀行が提案できるのでしょうか？

ここでは，まず通貨スワップの基本的な契約を紹介し，評価等の前提を学んでいきます。その後，契約条件に応じたリスクについて解説します。最終的には特殊な条件を含んだ通貨スワップ契約についても，契約内容に基づくリスクを判断できるようになることを目標に解説します。

1. 通貨スワップの種類（ベーシス・スワップ，通貨交換取引）

異なる通貨間で将来のお金のやりとりを交換するものを「通貨スワップ」といいます。**各通貨の変動金利を交換**するのが基本で，市場参加者の間ではベー

シス・スワップと呼ばれます。

　ただし，交換対象が金利ではなく，通貨交換取引（たとえば，米ドルと日本円を交換）も通貨スワップと呼ぶため「金利スワップ」や「通貨スワップ」という名称だけではどのような取引かわかりません。第4章でも述べましたが，包括的為替予約と通貨交換スワップは同じです。

　通貨交換取引については，包括為替予約取引でも説明したため，ここでは，ベーシス・スワップについて説明します。

　変動金利の交換取引である通貨スワップ（ベーシス・スワップ）は，外貨建借入金のヘッジ手段として用いられます。この際，契約時に為替リスクをヘッジするために，元本交換を行うタイプの通貨スワップを契約するケースがあります。事例をもとに解説します。

　なお，ベーシス・スワップで交換する変動金利は契約によって個別に指定されるため，本章においては「変動金利」と記載します。

事例

目黒セラミックは，子会社で丸の内銀行の米国支店から借入金（元本：1百万米ドル，金利：米ドル6カ月銀行間取引金利）をしており，為替変動リスクをヘッジするため，虎ノ門銀行と**図表5-2**の通貨スワップを締結しました。

【図表5-2：虎ノ門銀行との通貨スワップ取引】

想定元本（受取り）	1百万米ドル
金利（受取り）	米ドル6カ月変動金利
想定元本（支払い）	100百万円
金利（支払い）	日本円6カ月変動金利
期間	3年間
元本交換	取引開始時，満期時に元本の交換を行う

　この通貨スワップは，目黒セラミックは米ドルを受け取り，虎ノ門銀行は日本円を受け取る契約で取引の双方は，元本を取引開始時に交換し，満期時に返済します。

　目黒セラミックのサイドでは，取引開始時に米ドルで１百万ドルを虎ノ門銀行に支払い，日本円で100百万円を受け取ります。満期時には，米ドルで１百万ドルを受け取り，日本円で100百万円を支払います。

　このような元本交換のある通貨スワップは，借入金のヘッジを行う際などに利用されますが，具体的な資金の流れを開始時，期中，満期時に分けると，**図表５－３から５－５**のようになります。

　まず，目黒セラミックは，丸の内銀行から１百万米ドルの借入（金利：米ドル変動金利）を行い，そのヘッジ手段として虎ノ門銀行と通貨スワップを締結しています。図表５－３の点線は米ドルの資金の流れを表し，実線は日本円の動きを表しています。

　目黒セラミックは丸の内銀行から１百万米ドルの借入を行い，虎ノ門銀行と通貨スワップによる元本交換として１百万米ドル支払い，100百万円受け取ります。

【図表５－３：米ドル建借入と通貨スワップの元本交換】

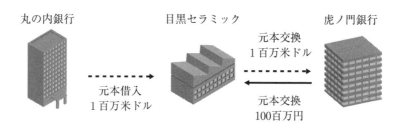

　その後，借入金の支払金利である米ドル変動金利については，図表５－４のように通貨スワップによって日本円変動金利を支払って米ドル変動金利を受け取っており，為替リスクは生じません。

【図表5－4：通貨スワップと金利支払】

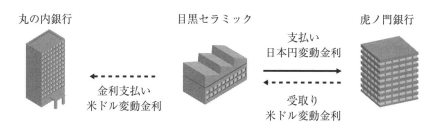

さらに，図表5－5のように，丸の内銀行への外貨建借入金の元本返済時においては，通貨スワップの元本返済で100百万円支払って，1百万米ドルを受け取るため，為替リスクは発生しません。

【図表5－5：満期時の元本返済と元本交換】

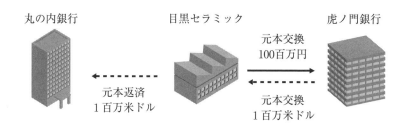

金利スワップの評価について説明した際に，変動利付債を利用して金利スワップを評価する方法を紹介しました（108－114頁参照）。変動利付債の評価額はゼロになるという性質を利用して，それぞれの通貨の変動利付債について売り・買いを行っているものが，元本交換があるタイプの通貨スワップです。

図表5－2で記載した通貨スワップは，「米ドル変動利付債の購入」＋「日本円変動利付債の売却」という2つの取引の合成によって表すことができます。

「米ドル変動利付債の購入」のキャッシュ・フローは，**図表5－6**で，「日本円変動利付債の売却」のキャッシュ・フローは**図表5－7**です。

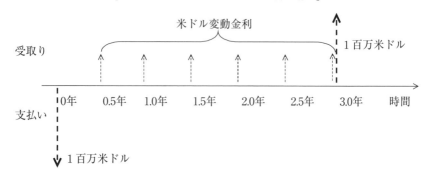

【図表 5‒6：米ドル建変動利付債の購入】

【図表 5‒7：日本円建変動利付債の売却】

　上記の図表 5‒6と 5‒7を合成したものが，**図表 5‒8**の元本交換のある通貨スワップのキャッシュ・フローです。また，変動利付債のキャッシュ・フローから生じる価値はゼロなので，

　　取引開始時の時価＝「米ドル変動利付債の購入」＋「日本円変動利付債の売却」
　　　　　　　　　　＝ゼロ

です。

【図表 5 – 8：元本交換のある通貨スワップ】

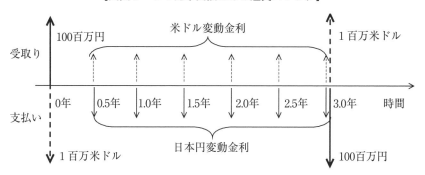

2. 通貨スワップ評価の2つの考え方

　さて，金利スワップの解説の中で説明したように，通貨スワップの評価方法も大きく2つに分かれます。ここでは，金利スワップのときと同様に，どのような場合に違いが生じてくるかを確認していきましょう。

> 加藤さん：通貨スワップも複雑なタイプは違った評価方法になるんですか？
>
> 鈴木課長：通貨スワップは，為替予約と金利スワップを足して2で割ったような商品だから，もちろんそうだよ。
>
> 　　　　　それにしても，加藤さんは勉強熱心だね。私もいい部下をもったな。復習みたいな感じになるけど，説明しよう。

（1）　金利スワップと同様の評価方法

　通貨スワップの評価方法は，為替レートが入ってくるだけで，基本的な考え方は金利スワップと同じです。

　ここでは，日米の変動金利を交換するベーシス・スワップについて，例題をもとに解説します。

例題

目黒セラミックは，虎ノ門銀行と**図表5－9**の通貨スワップ（ベーシス・スワップ）を契約しました。契約日の為替スポット・レート（FX）は100円/米ドル，銀行間取引金利は**図表5－10**として，この通貨スワップの評価額（目黒セラミック側）を計算しましょう。

【図表5－9：通貨スワップの契約内容】

・受取サイド

通貨	日本円
想定元本	100百万円
金利	6カ月円変動金利
初回適用金利	0.18%
決済サイクル	6カ月
期間	2年間

・支払サイド

通貨	米ドル
想定元本	1百万米ドル
金利	6カ月米ドル変動金利
初回適用金利	0.50%
決済サイクル	6カ月
期間	2年間

【図表5－10：変動金利】

期間	円金利	米ドル金利
6カ月	0.18%	0.50%
1年	0.25%	0.70%
2年	0.35%	0.90%

＜解答＞

　基本的に金利スワップと同様の評価方法なので，まず，日本円と米ドルの金利（図表5－10）から各通貨のディスカウント・ファクター（DF）を作成し，インプライド・フォワード・レート（IFR）を作成します。受取サイドが日本円の銀行間取引金利，支払サイドが米ドルの銀行間取引金利なので，原通貨ベースの純決済額（キャッシュ・フロー，CF）の計算を行うと**図表5－11**のように計算されます。

　DFとIFRの計算方法については為替予約の事例で説明をしたため，ここでは省略します。

【図表5－11：各通貨のキャッシュ・フロー】

日付	DF		金利（IFR）		元本		CF（原通貨）	
	日本円	米ドル	日本円	米ドル	日本円 （百万円）	米ドル （百万ドル）	受取額 （千円）	支払額 （千ドル）
	A	B	C	D	E	F	$G=C\times\dfrac{E}{2}$	$H=D\times\dfrac{F}{2}$
6カ月後	0.999	0.998	0.18%	0.50%	100	1	90.0	2.5
1年後	0.998	0.993	0.32%	0.90%	100	1	160.1	4.5
1.5年後	0.996	0.988	0.40%	1.00%	100	1	200.1	5.0
2年後	0.993	0.982	0.50%	1.20%	100	1	250.3	6.0
						計	700.5	18.0

※表示単位未満を四捨五入して表示

　次に，通貨スワップの評価額は円貨なので，発生したキャッシュ・フローを円換算して，現在価値を算定します。円換算に利用する為替レートは，為替フォワード・レートなので，スポット・レート（100円/米ドル）と各通貨のDFから計算します。また，円換算後のキャッシュ・フローは，日本円ベースのDFを利用して，割引現在価値を計算します。通貨スワップの評価額は，**図表5－12**から，－1,085千円と計算されました。

【図表5－12：通貨スワップの評価額の算定】

日付	DF		フォワード ・レート （円/米ドル）	CF（現通貨）		CF（日本円ベース）			割引現在 価値 （千円）
	日本円	米ドル		受取額 （千円）	支払額 （千ドル）	受取額 （千円）	支払額 （千円）	純額 （千円）	
	A	B	$FR=FX\times\dfrac{B}{A}$	$G=C\times\dfrac{E}{2}$	$H=D\times\dfrac{F}{2}$	G	$I=H\times FR$	$J=G-I$	$J\times A$
6カ月後	0.999	0.998	99.84	90.0	2.5	90.0	249.6	－159.6	－159.5
1年後	0.998	0.993	99.55	160.1	4.5	160.1	448.4	－288.4	－287.7
1.5年後	0.996	0.988	99.25	200.1	5.0	200.1	497.0	－296.9	－295.5
2年後	0.993	0.982	98.91	250.3	6.0	250.3	595.1	－344.7	－342.3
計				700.5	18.0	700.5	1,790.1	－1,089.6	－1,085.0

※表示単位未満を四捨五入して表示

　なお，「変動金利の交換なので評価額はゼロなのでは？」と思う人もいるかもしれませんが，元本返済まで含めた評価額がゼロで，変動金利の交換はゼロ

にはなりません。元本返済の評価額は**図表5-13**で計算すると＋1,085千円なので，ベーシス・スワップの評価額と合算すると，ゼロになります。

【図表5-13：元本返済による評価額への影響】

日付	DF		フォワード・レート（円/米ドル）	CF（現通貨）		CF（日本円ベース）			割引現在価値（千円）
	日本円	米ドル		受取額（千円）	支払額（千ドル）	受取額（千円）	支払額（千円）	純額（千円）	
	A	B	$FR=FX\times\dfrac{B}{A}$	$G=C\times\dfrac{E}{2}$	$H=D\times\dfrac{F}{2}$	G	$I=H\times FR$	$J=G-I$	$J\times A$
2年後	0.993	0.982	98.91	100,000	1,000	100,000	98,907.4	1,092.6	1,085.0
計				100,000	1,000	100,000	98,907.4	1,092.6	1,085.0

※表示単位未満を四捨五入して表示

（2） その他の評価方法

「金利スワップ」や「為替予約」でも説明しましたが，通常の通貨スワップでない場合，イールドカーブのみで評価できないケースがあります。丸の内銀行が八重洲トレーディングに提案した通貨スワップは想定元本が為替レートによって変動するタイプなので，「（1）金利スワップと同様の評価方法」のようなイールドカーブの平均値から評価するタイプではありません。ここでは，丸の内銀行が提案した通貨スワップを事例に，2種類の評価方法で評価を行います。

【図表5-14：丸の内銀行が提案した通貨スワップ】

取引形態	毎月決済型通貨スワップ取引
契約期間	10年間
御社ポジション	米ドル買い／円売り
元本	1百万米ドル ただし，1米ドル＝73円未満の円高になった場合は，5百万米ドルに変更される
基準為替レート	1米ドル＝73円
決済為替レート	各受渡日の2営業日前の為替レート
決済日	契約開始から毎月末日
決済金額（御社サイド）	元本×（決済為替レート－基準為替レート）
現在の為替レート	100円/米ドル

【図表5－15：契約日の銀行間取引金利】

期間	円金利	米ドル金利
O/N	0.05%	0.20%
1カ月	0.10%	0.30%
3カ月	0.15%	0.40%
6カ月	0.18%	0.50%
1年	0.25%	0.70%
2年	0.35%	0.90%
3年	0.40%	1.10%
5年	0.50%	1.50%
7年	0.60%	1.80%
10年	0.75%	2.10%

　まず，通貨スワップの交換回数（1カ月ごと，10年間－120回）ごとに為替フォワード・レート（FR）と通貨スワップの交換レート（73円/米ドル）を比較したものが**図表5－16**です。為替レートの平均値（FR）が交換レートを上回っているため，通常の通貨スワップであれば評価額はプラスになるはずです。

【図表5－16：フォワード・レートと交換レート】

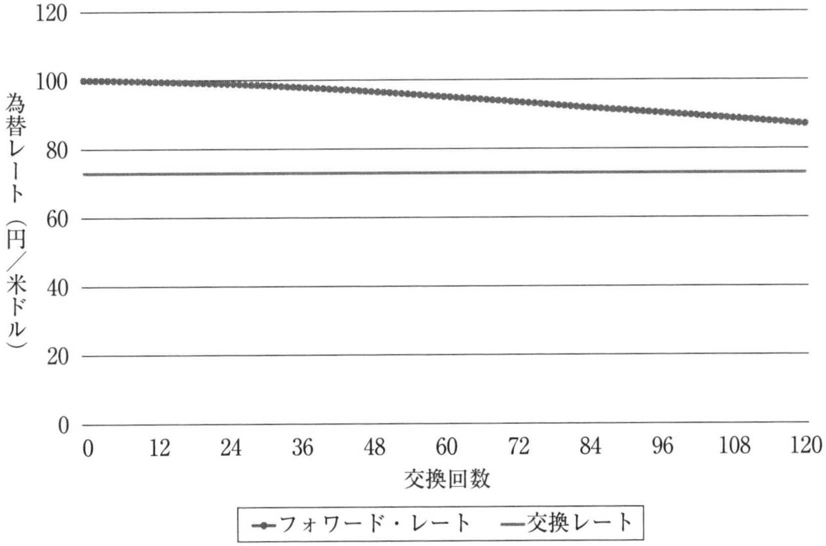

　ただし，為替レートに応じた1回当たりの決済額（円換算額）は，**図表5‐17**のように交換レート（73円）を基準に想定元本が5倍変動します。為替レートが73円を下回ると急激に支払額が増加するため，通常の通貨スワップのような評価額になる訳ではありません。

【図表5‐17：為替レートと決済額の関係】

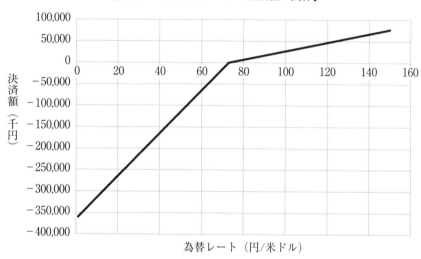

為替レート（円/米ドル）

　以下で，丸の内銀行が提案した通貨スワップが，通常の通貨スワップとどのように異なるかを検討していきます。

i）　BSモデルによる評価

　為替予約の評価の箇所でも説明しましたが，通貨スワップも通貨オプションの集合体とみなすことができます。実際には，コールオプションのロングとプットオプションのショートを組み合わせたクロス取引を，決済のタイミングごとに連続して契約すると，通貨スワップになるので，その性質を利用します。

　丸の内銀行が提案した通貨スワップは，基準為替レート（73円/米ドル）を境にして想定元本が変動します。基準為替レートは73円/米ドルであるものの，想定元本が異なるコールオプションの購入（ロング）とプットオプションの売

却（ショート）のクロス取引を利用します。具体的には，下記の2種類のオプションを組み合わせて，通貨スワップを合成します。

- 1百万米ドルを73百万円（73円/米ドル）で購入する権利（コールオプション）を購入する（ロング）
- 5百万米ドルを365百万円（73円/米ドル）で売却する権利（プットオプション）を売却する（ショート）

オプションの原資産変動による決済額（キャッシュ・フロー）をペイオフといいますが，言い方を換えれば，通貨スワップのペイオフ（図表5-17）と同じになるように，通貨オプションを合成すればいいのです。まず，コールオプションのロングのペイオフは**図表5-18**です。

【図表5-18：コールオプションのロングのペイオフ】

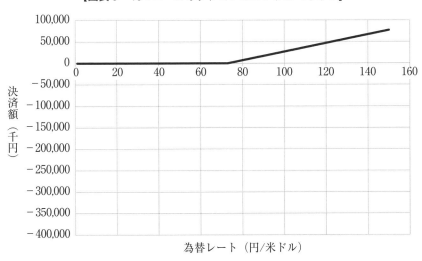

次に，プットオプションのショートのペイオフは**図表5-19**です。

【図表 5 − 19：プットオプションのショートのペイオフ】

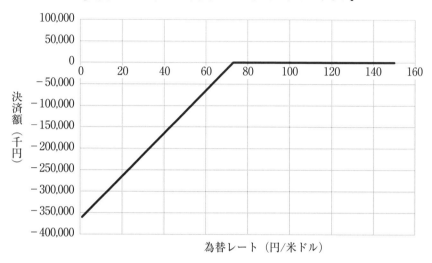

この2つのオプションのペイオフを合成（合算）したのが**図表 5 − 20**で，これは通貨スワップ（図表 5 − 17）と同じペイオフです。このように，通貨オプションを合成して，同じペイオフにすることで，他の為替デリバティブ（為替予約，通貨スワップ）の評価ができるようになります。

【図表 5 − 20：クロス取引のペイオフ】

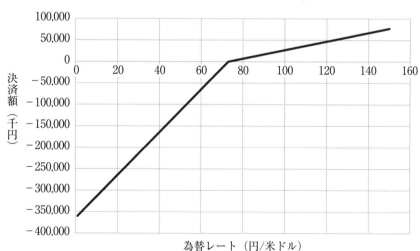

通貨オプションのクロス取引を，満期が1カ月〜120カ月（120回）となるようにすると（合計240個の通貨オプション），丸の内銀行が提案した通貨スワップと同じものになります（**図表5‑21**）。

【図表5‑21：オプション取引としての通貨スワップ取引】

満期	契　約　す　る　オ　プ　シ　ョ　ン　取　引
1カ月後	・1百万米ドルを73百万円で購入する権利（コールオプション）の購入 ・5百万米ドルを365百万円で売却する権利（プットオプション）の売却
2カ月後	・1百万米ドルを73百万円で購入する権利（コールオプション）の購入 ・5百万米ドルを365百万円で売却する権利（プットオプション）の売却
〜＜中略＞	
119カ月後	・1百万米ドルを73百万円で購入する権利（コールオプション）の購入 ・5百万米ドルを365百万円で売却する権利（プットオプション）の売却
120カ月後	・1百万米ドルを73百万円で購入する権利（コールオプション）の購入 ・5百万米ドルを365百万円で売却する権利（プットオプション）の売却

この240個の通貨オプションをBSモデルで評価すれば，元本変動型通貨スワップの評価額を計算できます。ボラティリティを20%（年率）として，BSモデルで計算してみましょう。

通貨オプションを評価する際のBSモデルについては，為替予約取引の計算例（173頁）で説明したため，ここでは説明を割愛し，計算結果のみ表示したのが**図表5‑22**です。なお，満期が120回と多いため，ここでは1〜5カ月，116〜120カ月のみを表示しています。

ちなみに，満期（1カ月〜120カ月）ごとに，通貨オプション（コールのロング，プットのショート）の価値とその差額を図示したものが，**図表5‑23**です。コールオプションの価値は，満期までの年数によってあまり変化しないのに対して，プットオプションの価値は満期が長くなるほど増加していきます。満期が55カ月（約4.6年）まではクロス取引の差引がプラス，それ以降はマイナスで，10年間（120カ月）合計すると評価額はマイナスです。

【図表 5 – 22：オプション取引として評価した通貨スワップ】

月数	金利 (日本円)	金利 (米ドル)	コール プレミアム (%) A	プット プレミアム (%) B	コール元本 (千米ドル) C	プット元本 (千米ドル) D	コール価値 (ロング) (百万円) E=A×C	プット価値 (ショート) (百万円) F=B×D	差引 (百万円) G=E−F
1	0.10%	0.30%	26.98	0.00	1,000	5,000	27	0	27
2	0.13%	0.35%	26.96	0.00	1,000	5,000	27	0	27
3	0.15%	0.41%	26.93	0.00	1,000	5,000	27	0	27
4	0.16%	0.44%	26.90	0.01	1,000	5,000	27	0	27
5	0.17%	0.47%	26.88	0.03	1,000	5,000	27	0	27
				〜〈中略〉					
116	0.73%	2.07%	26.02	12.14	1,000	5,000	26	61	− 35
117	0.74%	2.08%	25.98	12.23	1,000	5,000	26	61	− 35
118	0.74%	2.08%	25.93	12.32	1,000	5,000	26	62	− 36
119	0.75%	2.09%	25.89	12.42	1,000	5,000	26	62	− 36
120	0.75%	2.10%	25.84	12.51	1,000	5,000	26	63	− 37
計					120,000	600,000	3,262	3,646	− 383

※日本円と米ドル金利については，月数に応じた金利を線形補間して作成している。
　また，上表は表示単位未満を四捨五入して表示している。

【図表 5 – 23：満期ごとの通貨オプションの価値】

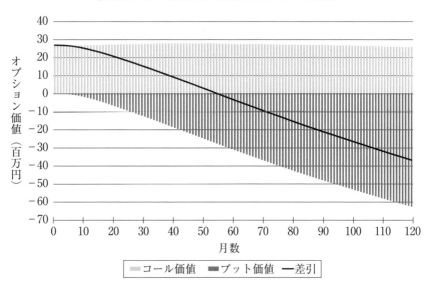

　通貨オプションのクロス取引として計算した結果，通貨スワップの評価額は−383百万円と評価されました。

ⅱ）シミュレーションによる評価

　ここでは，モンテカルロ・シミュレーションによって通貨スワップを評価します。モンテカルロ・シミュレーションについても第3章で説明しているため，計算方法の説明は省略します。なお，モンテカルロ・シミュレーションで為替レートを作成する際には，対象通貨（本件の場合は，日本円と米ドル）の金利，通貨間の相関を加味して，為替レートをシミュレーションするのですが，本書では，簡便的に算定するため，ボラティリティと乱数で為替レートを変動させて計算を行っています。厳密には，金利からシミュレーションを行ったほうがよいのですが，計算過程が複雑になるのと，計算結果がそれほど大きく変わるわけではないので（重要性があまりない），為替レートを直接シミュレーションする方法を採用しています。

　まず，ボラティリティを20%（年率）として，シミュレーションで為替レートを作成します。モンテカルロ・シミュレーションの結果のうち，任意に50件抽出したものが**図表5‒24**です。図表5‒24は，シミュレーションで作成した為替レートの平均値（為替フォワード・レート（―――））が期間の経過に従っ

【図表5‒24：シミュレーションによる為替レートの作成】

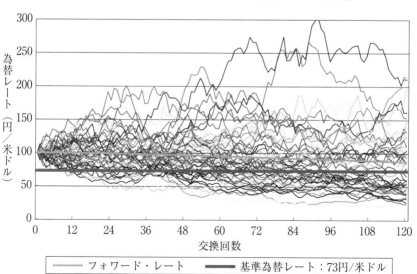

て右下がり（円高方向）に変動しています。シミュレーションで作成した為替レートは，通貨スワップの支払額を計算する基準為替レート（73円/米ドル（図表5‐24の太線━━）)）よりも相対的（平均的）には高いものの，下回る試行もあることがわかります。

　次に，決済額＝元本×（為替レート－基準為替レート）なので，シミュレーションによって作成した為替レートを利用して計算を行います。図表5‐24の50件の為替レートから計算される決済額を表示したのが，**図表5‐25**です。決済額の平均値（太線━━）から，当初は決済額がプラスで，徐々にマイナスになっていくことがわかります。

【図表5‐25：シミュレーションによる決済額】

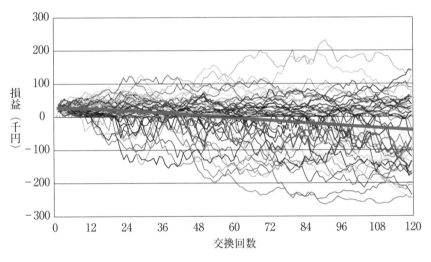

　なお，交換回数（経過月数）に応じたキャッシュ・フロー（CF）の平均値を表示したものが，**図表5‐26**です。現在価値への割引前CF（棒グラフ）と割引後CF（点線）を表示しており，期間の経過に従って右下がり（マイナスが大きくなる）という傾向は共通しています。

【図表 5 - 26：通貨スワップのCFの平均値の推移】

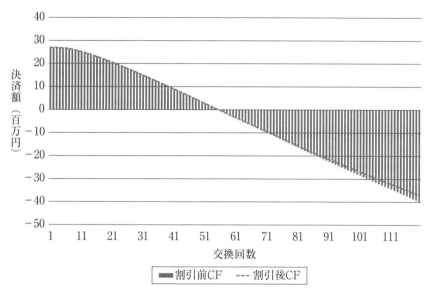

　なお，シミュレーションのそれぞれの試行において計算された評価額の分布を示したものが**図表 5 - 27**です。ここでは，各シミュレーションの通貨スワップの評価額について，500千円ごとに件数を集計し，その割合を示しています。分布件数は，（FRが基準為替レートを上回るため）プラスのほうが多いのですが，マイナスのほうが大きい評価損の件数が多いため，全体として評価額はマイナスになっています。シミュレーションによって，評価額にばらつきがあるものの，分布傾向からも，シミュレーションの平均値が−391百万円であることがイメージできるのではないかと思います。

　なお，通貨スワップの交換回数が120回と多いため，シミュレーションにおいては，−200億円を超える評価損（たとえば，為替レート20円/米ドルで100回決済を行うと決済額は−265億円）や＋500億円（たとえば，為替レート600円/米ドルで100回決済を行うと決済額は＋527億円）のような常識では考えられないような試行も発生します。ただし，実際に発生するかどうかは関係なく，ここでは可能性が少しでもあることが評価額に大きく影響を与えることを理解してください。

【図表5‑27：シミュレーションの分布】

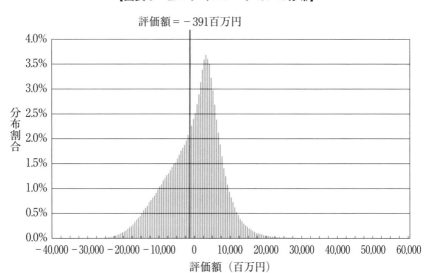

評価額＝－391百万円

※BSモデルとは補間方法などの違いで，計算結果に差が生じています。

3. 為替デリバティブの考え方

（1） 為替予約，通貨オプション，通貨スワップの違い

通貨交換が1度だけの通貨スワップは，為替予約と呼ばれます。通貨交換が複数回発生する包括為替予約取引は，通貨スワップと呼ばれます。

同様に，通貨オプションのクロス取引（コールオプションのロングとプットオプションのショートを組み合わせた取引）を1回だけの場合は，為替予約と呼ばれます。連続した通貨オプションのクロス取引は，通貨スワップや包括為替予約取引と呼ばれます。

すでに何度か本書で説明したように，通貨交換型の為替予約，通貨オプション，通貨スワップは基本的に同じデリバティブで，呼び方が異なるだけです。

同じデリバティブについて，為替予約，通貨オプション，通貨スワップの契約を例示したものが，**図表5‑28～30**です。

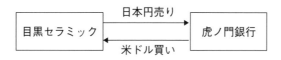

【図表5‒28：包括的為替予約契約】

米ドルの買い手	目黒セラミック
米ドルの売り手	虎ノ門銀行
受渡日	6カ月ごと（合計4回）
期間	2年間
元本	1百万米ドル
為替予約レート	100円/米ドル

【図表5‒29：オプションのクロス取引】

コール（買う権利）のロング

日付	権利者	種類	元本	行使価格
6カ月後	目黒セラミック	コール	1百万米ドル	100円/米ドル
1年後	目黒セラミック	コール	1百万米ドル	100円/米ドル
1.5年後	目黒セラミック	コール	1百万米ドル	100円/米ドル
2年後	目黒セラミック	コール	1百万米ドル	100円/米ドル

プット（売る権利）のショート

日付	権利者	種類	元本	行使価格
6カ月後	虎ノ門銀行	プット	1百万米ドル	100円/米ドル
1年後	虎ノ門銀行	プット	1百万米ドル	100円/米ドル
1.5年後	虎ノ門銀行	プット	1百万米ドル	100円/米ドル
2年後	虎ノ門銀行	プット	1百万米ドル	100円/米ドル

【図表5－30：通貨スワップ】

当事者1	目黒セラミック
当事者2	虎ノ門銀行
交換サイクル	6カ月ごと（合計4回）
期間	2年間
受取額	100,000米ドル
支払額	10,000,000円（1米ドル＝100円）

　シンプルな為替予約や通貨オプションは，1回のみの取引であるため，仮に相場の読みが外れたとしても，あまり大きな損失にはなりません。ただし，通貨スワップは，複数回の取引となりますので，仮に読みが外れた場合は，損失が何度も発生することになります。当然に，回数の多い通貨スワップのほうが，損失が発生した時には，損失額は大きくなります。

（2）　為替デリバティブは通貨オプションを基準に考える

　通貨スワップや為替予約の評価を，通貨オプションで行う場合は，ペイオフ（決済額）が等しくなるように通貨オプションを組み合わせる必要があります。例題をもとに，説明をします。

　目黒セラミックは，虎ノ門銀行と包括為替予約取引（条件は**図表5－31**に記載）を契約しました。スポット・レートが100円，円金利1％（年率。全期間で同じ），米ドル金利3％（年率。全期間で同じ），ボラティリティが20％（年率）として，この包括為替予約取引の契約時の評価額（目黒セラミック側）を計算しましょう。

【図表5−31：包括的為替予約契約】

米ドルの買い手	目黒セラミック
米ドルの売り手	虎ノ門銀行
受渡日	6カ月ごと（合計20回）
期間	10年間
元本	1百万米ドル
為替スポット・レート	100円/米ドル
為替予約レート	95円/米ドル

　ここでは，通貨オプションを組み合わせて，包括為替予約取引の評価額の計算を行います。まず，例題の包括為替予約取引のペイオフは，**図表5−32**のように，基準為替レート95円/米ドルを境にして，損益がマイナスまたはプラスになります。

【図表5−32：包括為替予約取引のペイオフ】

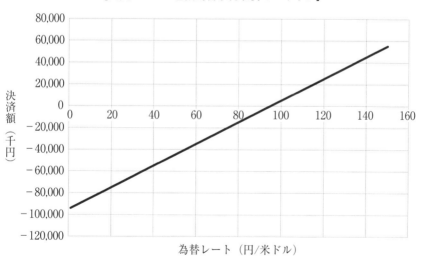

　次に，通貨オプション（行使価格＝95円/米ドルのコールオプション）のロング・ポジションのペイオフは，**図表5−33**のように，為替レートが基準為替

レート（95円/米ドル）よりも上回る（円安）の場合は，為替レートに比例して増加します。為替レートが基準為替レートを下回る（円高）場合は，オプションを行使しないため，損益はゼロです。

【図表5−33：通貨オプション（コール，ロング）のペイオフ】

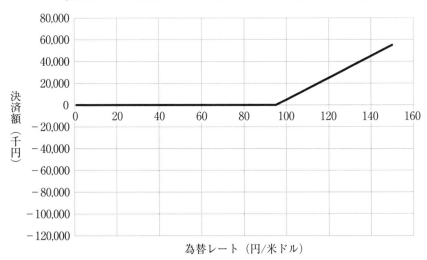

同様に，通貨オプション（行使価格＝95円/米ドルのプットオプション）のショート・ポジションのペイオフは，**図表5−34**のように，為替レートが基準為替レート（95円/米ドル）よりも下回る（円高）の場合は，為替レートに比例して損失が増加します。為替レートが基準為替レートを上回る（円安）場合は，オプションを行使しないため，損益はゼロです。

この2つの通貨オプション（コール・ロングとプット・ショート）を組み合わせたクロス取引のペイオフは，**図表5−35**のように，包括為替予約取引のペイオフ（図表5−32）と同じになります。

【図表5－34：通貨オプション（プット，ショート）のペイオフ】

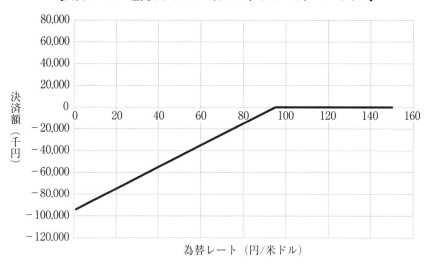

【図表5－35：通貨オプションのクロス取引のペイオフ】

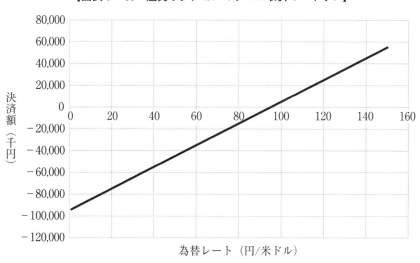

　まず，包括為替予約取引について，フォワード・レートで評価するケースを，検討します。包括為替予約取引の為替予約レート95円とスポット・レートおよ

び日米金利から計算したフォワード・レートを比較したものが，**図表5 - 36**です。3年くらいでフォワード・レート（受取サイド）が為替予約レート（支払サイド）を下回ることから，包括為替予約取引の評価額はマイナスになることが予想されます。

【図表5 - 36：為替予約レートとフォワード・レート】

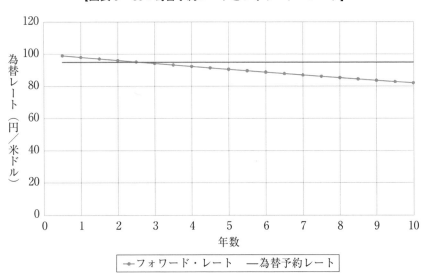

為替予約の評価方法については省略しますが，包括為替予約取引の受取額（元本×フォワード・レート），支払額（元本×為替予約レート），純決済額（受取額－支払額）を表示したのが，**図表5 - 37**です。純決済額の割引現在価値は，約－88百万円と計算されます。

次に，通貨オプションを利用して，事例の包括為替予約取引の評価を行います。

コールオプションのロング（A）＋プットオプションのショート（B）＝包括為替予約取引

とし，ボラティリティは20%（年率）として，決済のタイミング（6カ月ごと）

を満期とした20個のオプションの評価を行います。

　まず，コールオプションのロングについて，決済のタイミング（6カ月ごと）を満期とした評価額を表示したものが**図表5‒38**です。

【図表5‒37：包括為替予約取引の受取額，支払額，純決済額】

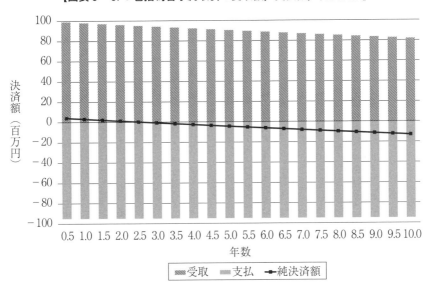

【図表5‒38：コールオプションのロングの決済時ごとの評価額（A）】

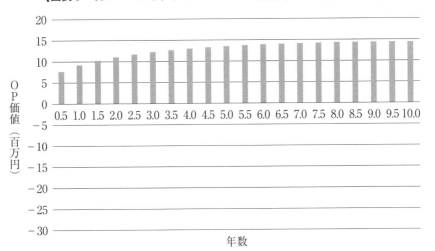

　次に，プットオプションのショートについて，決済のタイミング（6カ月ご
と）を満期とした評価額を表示したものが**図表5‐39**です。

【図表5‐39：プットオプションのショートの決済時ごとの評価額（B)】

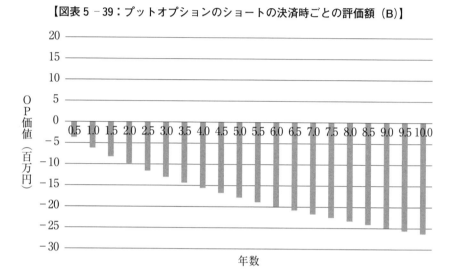

　包括為替予約取引の評価額は，コールオプションのロング（A）＋プットオ
プションのショート（B）なので，合算したクロス取引の決済（6カ月）ごと
の評価額を示すと，**図表5‐40**のようになります。包括為替予約取引（図表
5‐37）と比較すると，グロス（総額）の金額は異なるものの，ネット（純決
済額）は同じ金額になることがわかると思います。

　なお，決済のタイミング（6カ月）ごとに，オプション評価額の一部を表示
したものが**図表5‐41**です。オプション価値の合計額（包括為替予約取引の評
価額）は‐88.6百万円と計算されました。

【図表 5 – 40：オプションのコール，プット，クロス取引の決済時ごとの評価額（A＋B）】

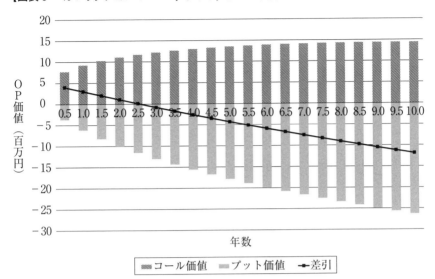

【図表 5 – 41：決済日ごとのオプション評価額（一部抜粋）】

月数	コールプレミアム（%）A	プットプレミアム（%）B	元本（千米ドル）C	コール価値（百万円）D=A×C	プット価値（百万円）E=B×C	差引（百万円）F=D−E
0.50	7.66	3.68	1,000	7.7	3.7	4.0
1.00	9.20	6.21	1,000	9.2	6.2	3.0
1.50	10.26	8.25	1,000	10.3	8.2	2.0
			〈＜中略＞			
9.00	14.42	24.91	1,000	14.4	24.9	− 10.5
9.50	14.44	25.63	1,000	14.4	25.6	− 11.2
10.00	14.45	26.32	1,000	14.4	26.3	− 11.9
		計	20,000	256.9	345.5	− 88.6

※表示単位未満を四捨五入して表示

　このように，為替デリバティブは，同じペイオフになるように通貨オプション取引を組み合わせることによって評価を行うことが可能となるのです。

（3） 合成によって生成される為替デリバティブ

　先ほど通貨オプションの性質について簡単に説明しましたが，実際に通貨オプションを合成することによって生成されている代表的な為替デリバティブは，以下の通りです。

① 　元本変動型（レバレッジ型，レシオ付き）
② 　割増条件型（ギャップ型）
③ 　ノックアウト（ノックイン）型

　契約時の時価評価額は，金融機関の手数料の関係で，企業にとってはマイナスになるのですが，これらの条件が付いている為替デリバティブは，このマイナス幅が大きくなる傾向があります。

　デリバティブ取引を行う金融機関にとって，シンプルな為替デリバティブは顧客の時価評価損（手数料）が少ないため，販売しても金融機関の利益が多くありません。この点から，より複雑で手数料の大きい為替デリバティブを販売したいというインセンティブが働く訳です（**図表5－42**）。

【図表5－42：為替デリバティブの種類と手数料】

手数料：安い	シンプルな為替デリバティブ（為替予約，通貨オプション，通貨スワップ）
手数料：高い	条件付為替デリバティブ ①　元本変動型（レバレッジ型，レシオ付き） ②　割増条件型（ギャップ型） ③　ノックアウト（ノックイン）型

（ 4 ）　元本変動型為替デリバティブ

　合成型為替デリバティブ取引の代表である元本変動型（レバレッジ型，レシオ付）為替デリバティブは，ある一定の為替レートよりも円高になった場合，元本が 2 倍や 3 倍に増加するタイプの為替デリバティブ取引をいいます。

　ここでは，元本変動型為替デリバティブ取引について，例題をもとに解説をします。

> **例 題**
>
> 目黒セラミックは，虎ノ門銀行と元本変動型通貨スワップ契約（条件は**図表 5 -43**に記載）を契約しました。スポット・レートが100円，円金利1％（年率。全期間で同じ），米ドル金利3％（年率。全期間で同じ），ボラティリティが20％（年率）として，この通貨スワップ取引の契約時の評価額を計算しましょう。

【図表 5 - 43：元本変動型通貨スワップ】

契約期間	契約日から10年間
当事者 1	目黒セラミック
当事者 2	虎ノ門銀行
当事者 1 の支払額	95円/米ドル以上の場合：95百万円 95円/米ドル未満の場合：190百万円
当事者 2 の支払額	95円/米ドル以上の場合： 1 百万米ドル 95円/米ドル未満の場合： 2 百万米ドル
交換サイクル	6 カ月ごと

　この通貨スワップは，為替レートが95円を下回る（円高になる）と，元本が 2 倍になる契約です。「第 5 章 3 ．（ 2 ）為替デリバティブは通貨オプションを基準に考える」で通常のタイプを説明しましたが，この元本変動型通貨スワップのほうが，評価額が低いことが予想されます。

　フォワード・レートは，スポット・レート100円/米ドルから円高になるよ

うに計算されるため，**図表5‒44**，通貨スワップの交換レート95円/米ドルを
3年目くらいから下回ります。元本変動型通貨スワップは，為替レートが交換
レートを下回った場合のマイナスの金額が増加するのです。

【図表5‒44：フォワード・レートと交換レートの推移】

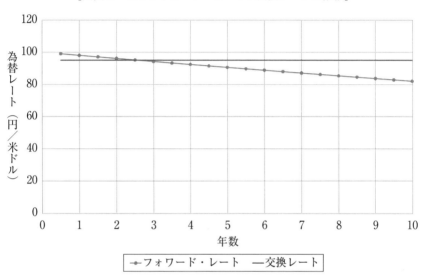

　まず，この通貨スワップのペイオフを図示したのが，**図表5‒45**です。交換
レート（95円/米ドル）を下回ると，決済額のマイナスが2倍に増加します。

　この通貨スワップのペイオフについて，通貨オプションを組み合わせて作成
します。
　まず，為替レートが交換レート（95円/米ドル）を上回る場合は，元本1百
万米ドルのコールオプションのロング・ポジションのペイオフ（**図表5‒46**）
を利用します。

【図表 5 - 45：元本変動型通貨スワップのペイオフ】

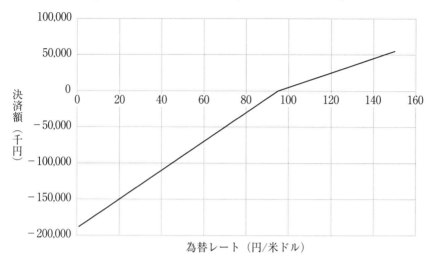

【図表 5 - 46：コールオプション（ロング）のペイオフ】

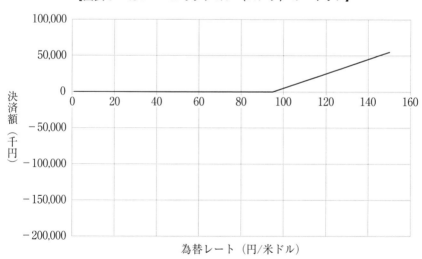

　次に，為替レートが交換レート（95円/米ドル）を下回る場合は，元本 2 百万米ドルのプットオプションのショート・ポジションのペイオフ（**図表 5 - 47**）

を利用します。参考に元本1百万米ドルのペイオフ（点線）も併記していますが，元本が2倍なので決済額のマイナスが大きくなります。

【図表5‒47：プットオプション（ショート）のペイオフ】

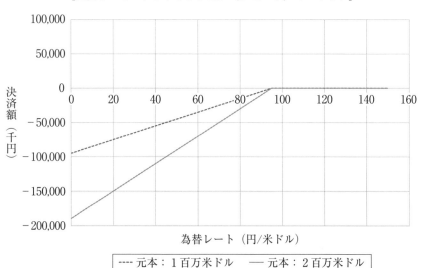

を利用します。

通貨オプションのペイオフから，

> **元本変動型通貨スワップ＝（A）元本1百万米ドルのコールオプション（ロング）＋（B）元本2百万米ドルのプットオプション（ショート）**

として計算すれば良いことがわかります。

　元本1百万米ドルのコールオプションのロングについて，決済のタイミング（6カ月ごと）を満期とした評価額を表示したものが**図表5‒48**です。

　次に，元本2百万米ドルのプットオプションのショート・ポジションについて，決済のタイミング（6カ月ごと）を満期とした評価額を表示したものが**図表5‒49**です。参考に元本1百万米ドルのオプション価値を合わせて表示していますが，元本の変動によりオプション価値が増加しています。

【図表 5 - 48：コールオプション（ロング）のオプション価値】

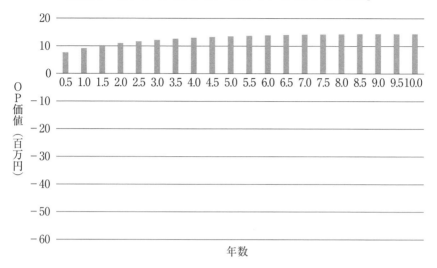

【図表 5 - 49：プットオプション（ショート）のオプション価値】

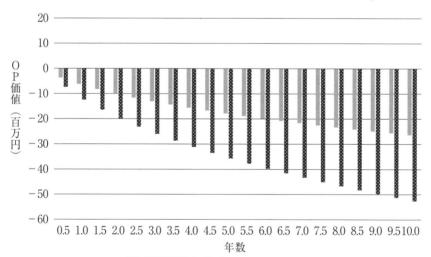

■元本 1 百万米ドル　■元本 2 百万米ドル

　通貨スワップの評価額は，コールオプションのロング（A）＋プットオプ
ションのショート（B）です。合算したクロス取引の決済（6 カ月）ごとの評

価額を示したのが**図表5‐50**です。

【図表5‐50：オプションのコール，プット，クロス取引の決済時ごとの評価額（A＋B）】

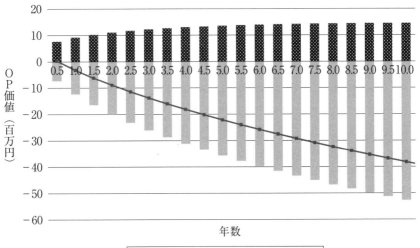

　計算の結果，オプション価値の合計額（通貨スワップの評価額）は－434百万円と計算されました。元本変動がない場合（元本1百万米ドルで固定）は評価額が－89百万でしたが，元本変動があることによって評価損が増加しています。

　ちなみに，通貨オプションの評価額の内訳を示せば，**図表5‐51**のようになります。

【図表5‐51：評価額の内訳】

内　　容	金　額
（A）コールオプション（元本1百万米ドル）のロング	257百万円
（B）プットオプション（元本1百万米ドル）のショート	－346百万円
合計（A＋B×2）	－434百万円

※上記は百万円未満を四捨五入して表示。

　また，**図表5−52**は元本変動のない通貨スワップと元本変動のある通貨スワップについて，モンテカルロ・シミュレーションで評価した結果について，評価額を50百万円ごとに分布数を集計して分布割合を示したものです。図表5−52の分布割合からも，元本変動のある通貨スワップのほうが，元本変動のない通貨スワップよりも低い評価額のところで多く分布しており，平均値（評価額）が引下げられていることがわかります。

【図表5−52：シミュレーションによる評価額の分布】

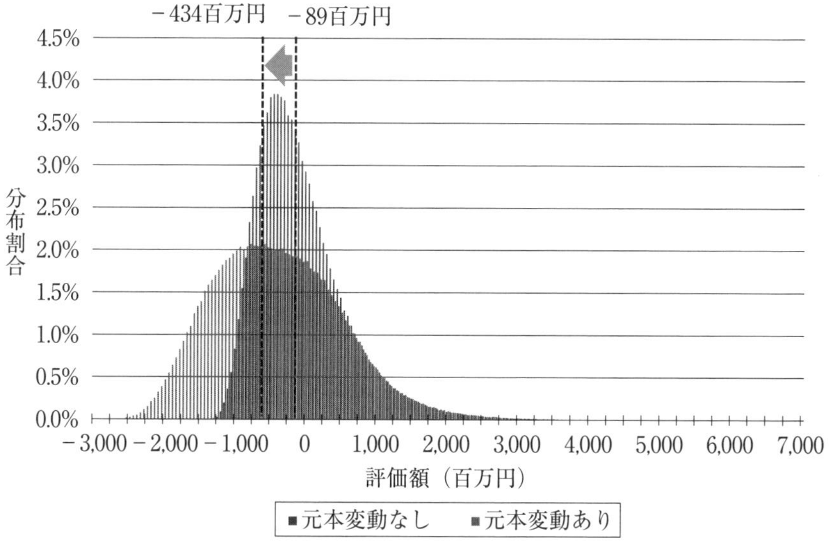

（5）　割増条件付為替デリバティブ

　為替デリバティブの条件の一つに，割増条件（ギャップ型）というものがあります。契約書に，「ギャップトリガー：○円」や「ギャップ割増条件：○円」というような表現がある場合が該当します。

　割増条件型は，「95円以下の円高になると行使価格が95円から100円に変更される」という風に，ある一定の条件を満たした場合に，決済条件が変更になる契約（**図表5−53**）です。

　普通は行使価格は95円で一定ですが，割増条件がつくと，95円以下になった

場合，5円を追加で支払うことになります。

このようなタイプのオプションを「デジタル・オプション（バイナリー・オプション）」といいます。

FXのバイナリー・オプションを取引したことがある人はわかると思いますが，「1ドル=95円を上回ったら，5円もらえる」とか「1ドル=95円を下回ったら，5円支払う」などの権利を売買します。割増条件付為替デリバティブは，このデジタル・オプションが含まれる契約形態です。

割増条件について，図表5−53の通貨スワップを例にして説明します。

【図表5−53：割増条件付通貨スワップ契約】

契約期間	契約日から10年間
当事者1	目黒セラミック
当事者2	虎ノ門銀行
ギャップ割増条件	95円/米ドル
当事者1の支払額	95円/米ドル以上の場合：9,500,000円（95円/米ドル） 95円/米ドル以下の場合：10,000,000円（100円/米ドル）
当事者2の支払額	95円/米ドル以上の場合：100,000米ドル 95円/米ドル以下の場合：100,000米ドル
交換サイクル	6カ月ごと

この通貨スワップは，為替レートが95円/米ドルを下回ると，行使価格が95円/米ドルから100円/米ドルに変更される（支払額が5円/米ドル増加する）割増条件付の通貨スワップです。まず，この通貨スワップのペイオフは，**図表5−54**のようになります。

【図表5‑54：割増条件付通貨スワップのペイオフ】

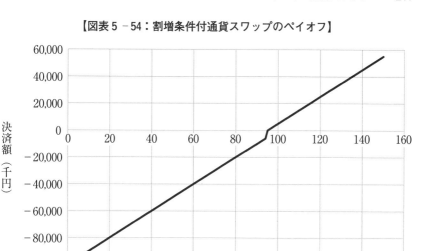

このペイオフについて，通貨オプションを組み合わせて作成します。コールオプションのロング，プットオプションのショートに加えて，デジタルオプション（キャッシュ・デジタル）を利用します。具体的には，行使価格の修正によるスライド（5円/米ドル分）をデジタルオプション（キャッシュ・デジタル）のペイオフを利用します。

すなわち，この割増条件付通貨スワップは，下記の3つのオプションから構成されています。

割増条件付通貨スワップ
= （A）コールオプション（株価100円，行使価格95円）のロング
　+ （B）プットオプション（株価100円，行使価格95円）のショート
　+ （C）デジタル・プットオプション（行使価格95円，キャッシュ5円）
　　のショート

まず，（A）コールオプションのロング，（B）プットオプションのショートのペイオフは，**図表5‑55，図表5‑56**です。

【図表 5 - 55：コールオプション（ロング）のペイオフ】

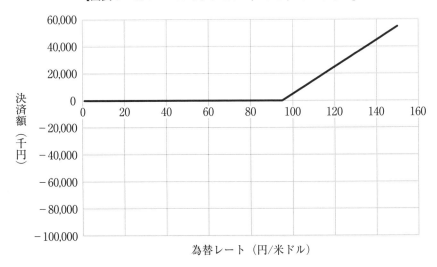

【図表 5 - 56：プットオプション（ショート）のペイオフ】

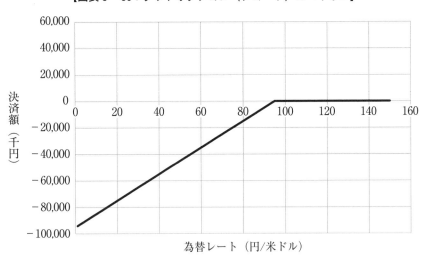

（C）デジタルオプションは，為替レートが95円/米ドルを下回ると，5円/米ドル分のキャッシュ・アウトが発生するため，ペイオフは**図表 5 - 57**です。

【図表 5 - 57：キャッシュ・デジタルオプション（プット・ショート）のペイオフ】

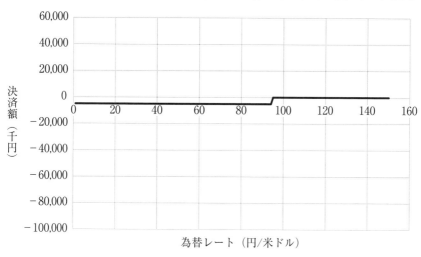

これらの通貨オプションのペイオフを合計したのが**図表 5 - 58**で，このペイオフは通貨スワップのペイオフ（図表 5 - 54）と同じになります。

【図表 5 - 58：通貨オプションのペイオフの合計】

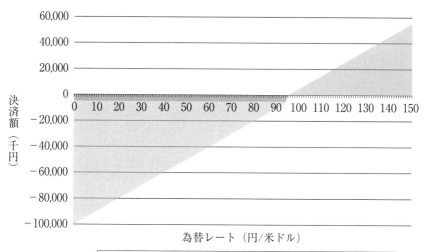

　次に，デジタルオプションのコールオプションの計算式は，以下のように計算します。キャッシュデジタルの場合は，決済額が固定なので，通常のBSモデルの原資産価格（為替レート）の部分（$S_0 e^{-r_2 T} N(d_1)$）を削除したような計算式です。

【デジタルオプションの計算式（通貨オプション）】

$$c = A e^{-r_1 T} N(d_2)$$

$$d_1 = \frac{\ln\left(\frac{S_0}{K}\right) + \left(r_1 - r_2 + \frac{\sigma^2}{2}\right) T}{\sigma\sqrt{T}}, \; d_2 = d_1 - \sigma\sqrt{T}$$

　c：コールオプションのプレミアム

　$N(d_i)$：標準正規分布の累積密度関数

　S_0：評価時の為替レート

　K：権利行使価格

　A：キャッシュ

　r_1：リスクフリーレート（日本円金利）

　r_2：リスクフリーレート（外貨金利）

　T：満期までの期間(年)

　σ：ボラティリティ

【プットオプションの計算式】

$$p = A e^{-r_1 T} \{1 - N(d_2)\}$$

　p：コールオプションのプレミアム

　実際に，3つの通貨オプションを利用して，通貨スワップの評価額を計算してみましょう。

　まず，元本1百万米ドルのコールオプションのロング・ポジションについて，決済のタイミング（6カ月ごと）を満期とした評価額を表示したものが**図表5-59**です。

【図表 5 - 59：コールオプション（ロング）のオプション価値】

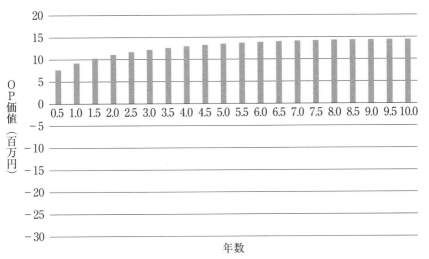

次に，元本 1 百万米ドルのプットオプションのショート・ポジションについて，決済のタイミング（6 カ月ごと）を満期とした評価額を表示したものが**図表 5 - 60**です。

【図表 5 - 60：プットオプション（ショート）のオプション価値】

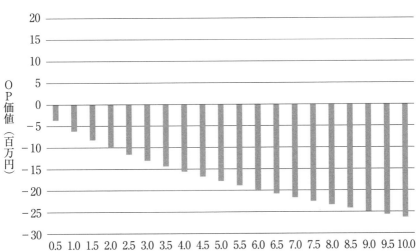

さらに，元本1百万米ドルのキャッシュデジタル・プットオプションの
ショート・ポジションについて，決済のタイミング（6カ月ごと）を満期とし
た評価額を表示したものが**図表5 - 61**です。

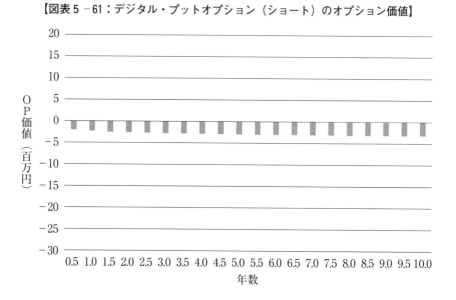

【図表5 - 61：デジタル・プットオプション（ショート）のオプション価値】

最後に，3つの通貨オプションの評価額の合計を，決済のタイミング（6カ
月）ごとに表示したものが**図表5 - 62**です。

3つの通貨オプションを利用すると，割増条件付通貨スワップの評価額は
約 - 147百万円と計算されました（内訳は**図表5 - 63**）。

このように，割増条件付（ギャップ型）の通貨オプションについても，オプ
ション価値を組み合わせることによって計算できます。なお，デジタルオプ
ションの評価額を計算する際には，本書で使用したような計算式を利用せずに，
BSモデルのオプションの引き算（「行使価格100円のプットオプション」 -
「行使価格95円のプットオプション」）として計算する場合もあります。引き算

【図表 5 – 62：3 つ通貨オプションのオプション価値の合計】

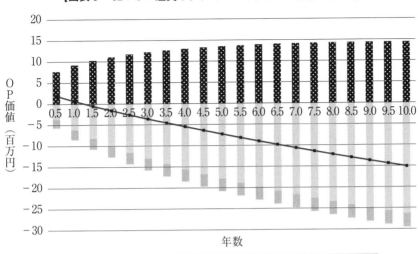

【図表 5 – 63：評価額の内訳】

内　　容	金　額
（A）コールオプションのロング	257百万円
（B）プットオプションのショート	−346百万円
（C）デジタル・プットオプションのショート	−58百万円
合計（A＋B＋C）	−147百万円

※上記は百万円未満を四捨五入して表示。

　のほうが異なるボラティリティでオプション価値を計算できるため，ボラティリティ・スマイルを加味しやすいことが理由です。

　ちなみに，デジタル・プットオプションを 2 つのプットオプションに分けて計算した場合は，**図表 5 – 64**のように計算されます。若干の差はあるものの，計算結果は近い値になっています。

【図表5‐64：デジタルオプションをプットとした場合の評価額の内訳】

内　　容	金　額
（A）コールオプションのロング	257百万円
（B）プットオプション（行使価格95円）のショート	−346百万円
（C1）プットオプション（行使価格100円）のショート	−406百万円
（C2）プットオプション（行使価格95円）のロング	346百万円
合計（A＋B＋C1＋C2）	−149百万円

また，**図表5‐65**は割増条件のない通貨スワップと割増条件のある通貨スワップについて，モンテカルロ・シミュレーションで評価した結果について，評価額を40百万円ごとに分布数を集計して分布割合を示したものです。図表5‐65の分布割合からも，割増条件のある通貨スワップのほうが，割増条件のない通貨スワップよりも低い評価額のところで多く分布しており，平均値（評価額）が引下げられていることがわかります。

【図表5‐65：シミュレーションによる評価額の分布】

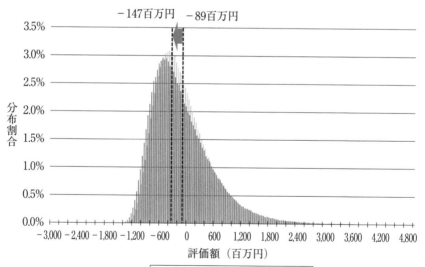

（6）　ノックアウト型為替デリバティブ

　デリバティブは，さまざまな条件を付けることでカスタマイズが可能で，その1つにノックアウト条項（自動消滅条項）があります。ノックアウト型のデリバティブは，自動消滅するオプションが付加されたもので，そのオプションを「ノックアウト・オプション」，「バリア・オプション」といいます。どちらかというと，「バリア」は金融機関が使う表現で，一般企業は「ノックアウト」という表現を使うケースが多いと思います。

　なお，「ノックイン」というある条件に抵触した場合，契約が開始するというノックアウトとは逆のオプションもあるのですが，あまり利用されることがないため，本書では説明を割愛します。

　似たような条件に，コール条項（契約消滅権）やプット条項というものがありますが，契約当事者が契約を終了させることができる権利で，ノックアウト条項のように自動的に消滅するわけではありません。

　ノックアウト条項は，ある一定以上の支払を回避したい場合（リスクヘッジ）の場合，評価額を引上げ（引下げ）したい場合に利用されます。ノックアウト・オプションは，一定額以上の支払を回避したい場合，通常はプラスの価値を持ちます。ただし，元本変動型や割増条件型などの場合は，マイナスの価値を持つ場合もあり，一概にノックアウト条項があるからどちらに有利（評価額にプラスとなるかマイナスになるか）ということはありません。それでは，例題を通して，ノックアウト条項が為替デリバティブに及ぼす影響を解説します。

　目黒セラミックは，**図表5−66**の条件の通貨スワップ契約を虎ノ門銀行と締結しました。円金利1％，米ドル金利3％，ボラティリティ20％（年率）として通貨スワップの評価額（目黒セラミック側）を計算しましょう。

【図表 5 – 66：ノックアウト型通貨スワップ】

契約期間	契約日から10年間
当事者 1	目黒セラミック
当事者 2	虎ノ門銀行
当事者 1 の支払額	95百万円（95円/米ドル）
当事者 2 の支払額	1 百万米ドル
交換サイクル	6 カ月ごと
ノックアウト条項 自動消滅条項	120円/米ドル（ノックアウト・トリガー）以上の円安となった場合，当契約は自動的に終了する

　まず，本件のノックアウト型通貨スワップは，元本変動はなく，割増条件もないため，単純な通貨スワップにノックアウト・オプションが付加されたものです。すなわち，例題のノックアウト型通貨スワップは，下記の 3 つの合成オプションといえます。

　ノックアウト型通貨スワップ
　＝（A）コールオプション（スポット100円，行使価格95円）のロング
　　＋（B）プットオプション（スポット100円，行使価格95円）のショート
　　＋（C）ノックアウト・オプション（トリガー120円）

　実際に， 3 つの通貨オプションを利用して，ノックアウト型通貨スワップの評価額を計算してみましょう。
　まず，元本 1 百万米ドルのコールオプションのロング・ポジションについて，決済のタイミング（ 6 カ月ごと）を満期として評価額を表示したものが**図表 5 – 67**です。

　次に，元本 1 百万米ドルのプットオプションのショート・ポジションについて，決済のタイミング（ 6 カ月ごと）を満期として評価額を表示したものが**図表 5 – 68**です。

【図表 5 - 67：コールオプション（ロング）のオプション価値】

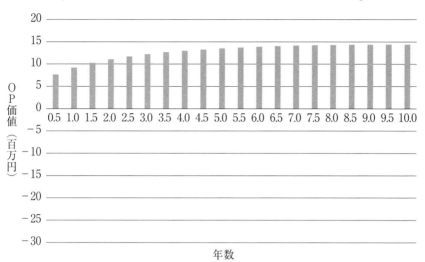

【図表 5 - 68：プットオプション（ショート）のオプション価値】

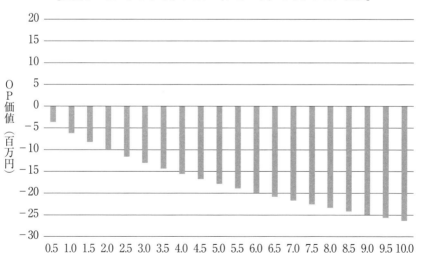

　さらに，ノックアウト・オプションについて，決済のタイミング（6カ月）ごとに評価額を表示したものが**図表5‒69**です。ノックアウト・オプションにも解析解がありますが，あまり利用することがないため，ここではモンテカルロ・シミュレーションで計算した計算結果（現在価値）を表示します。

【図表5‒69：ノックアウト・オプションのオプション価値】

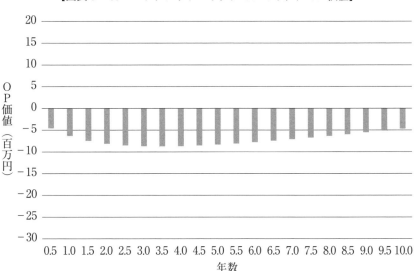

　最後に，3つの通貨オプションの評価額の合計を，決済のタイミング（6カ月）ごとに表示したものが**図表5‒70**です。

　3つの通貨オプションを利用すると，ノックアウト型通貨スワップの評価額は約‒231百万円と計算されました（内訳は**図表5‒71**）。

【図表 5 - 70：3 つ通貨オプションのオプション価値の合計】

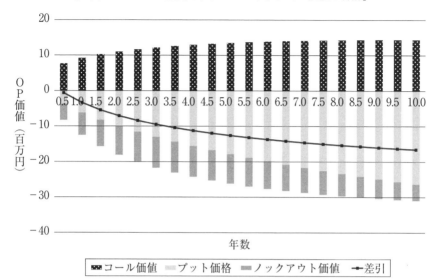

【図表 5 - 71：評価額の内訳】

内容	金額
（A）コールオプションのロング	257百万円
（B）プットオプションのショート	－346百万円
（C）ノックアウト・オプション	－143百万円
合計（A＋B＋C）	－231百万円

※上記は百万円未満を四捨五入して表示。

　また，**図表 5 - 72**はノックアウトのない通貨スワップとノックアウトのある通貨スワップについて，モンテカルロ・シミュレーションで評価した結果について，評価額を25百万円ごとに分布数を集計して分布割合を示したものです。図表 5 - 72の分布割合からも，ノックアウトのある通貨スワップは評価額が高い分布がなく，全体としてノックアウトのない通貨スワップよりも平均値（評価額）が引下げられていることがわかります。

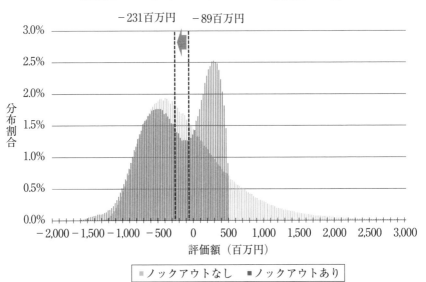

【図表5-72：シミュレーションによる評価額の分布】

ここでは，通貨スワップの種類に応じて，どのようなリスクの違いが存在するかを考えていきます。

4. 事例演習：契約内容からどのようなリスクが発生するかを検討する

ここでは，通貨スワップの種類に応じて，どのようなリスクの違いが存在するかを考えていきます。

（1） ベーシス・スワップ

通貨スワップの基本的な契約形態として，通貨間の変動金利をベースにした交換取引であるベーシス・スワップがあります。

ベーシス・スワップは，異なる通貨間の金利交換なので利息（元本×金利）を計算して交換します。金利が対象のため，通貨間の金利差は1～2％程度なので，それほどリスクは大きくありません。

想定元本が1百万米ドル（為替レートが100円/米ドルとして1億円）のベーシス・スワップにおいて，日米の金利差が2％とすると，年間2百万円

（1百米ドル×100円/米ドル×2％）の損益が発生します。為替レートが10％変動して110円/米ドルになったとしても，年間2.2百万円（1百米ドル×110円/米ドル×2％）なので，為替リスクも大きくありません。

　それでは，事例を元に検討していきましょう。

事例

目黒セラミックは，米国子会社の借入金について，支払利息の変動リスクを回避するため，2年前に**図表5-73**のベーシス・スワップを虎ノ門銀行と締結しました。現在の為替レートは100円/米ドルで，ディスカウント・ファクターが**図表5-74**であった場合，このベーシス・スワップの評価額（目黒セラミック側）を計算しなさい。

【図表5-73：ベーシス・スワップの契約内容】

受取想定元本	10百万米ドル
受取金利	米ドル6カ月変動金利
次回受取金利	0.7％
支払想定元本	10億円
支払金利	日本円6カ月変動金利
次回支払金利	0.3％
決済サイクル	6カ月
残契約期間	3年間

※上記は，目黒セラミックのサイドで表記している。

【図表5-74：ディスカウント・ファクター

年数	日本円	米ドル
0.5	0.99910	0.99751
1	0.99750	0.99303
1.5	0.99551	0.98809
2	0.99303	0.98218
2.5	0.99055	0.97532
3	0.98807	0.96753

<解答>

ベーシス・スワップの計算を行うためには，各通貨の変動金利の算定，為替フォワード・レートの算定が必要になります。

変動金利（IFR）の計算方法は，ここでは図表 5 - 74 のディスカウント・ファクター（DF）を使用して，以下のように計算します。

【IFRの計算式】

$$IFR_i = \frac{\dfrac{DF_{i-1}}{DF_i} - 1}{\Delta t}$$

　IFR_i：i 回目の決済におけるフォワード金利（IFR）

　　i ：時点（i 回目の決済）

　Δt：決済の間隔（年）

　DF_i：i 回目の決済におけるディスカウント・ファクター

次に，為替フォワード・レートは，以下の計算式を使用します。

【フォワード・レートの計算式】

$$FR = FX \times \frac{DF_{USD}}{DF_{JPY}}$$

　FR ：為替予約レート

　FX ：為替スポットレート

　DF_{JPY}：日本円のディスカウント・ファクター

　DF_{USD}：米ドルのディスカウント・ファクター

まず，受取サイドのキャッシュ・フローを計算します。米ドルの変動金利を受け取るため，米ドルのDFから変動金利（IFR）を算定し，受取額（米ドル）を為替フォワード・レートによって円換算します（**図表 5 - 75**）。

次に，支払サイドは，日本円の変動金利を計算すればよいため，日本円のDFから支払額を計算します（**図表 5 - 76**）。

【図表5‒75：受取サイドのキャッシュ・フロー】

年数	DF（日本円）	DF（米ドル）	為替レート	元本（百万ドル）	利率	受取額（百万ドル）	受取額（百万円）
	DF1	DF2	FR	X	A	B=X×A×0.5	C=B×FR
0.5	0.99910	0.99751	99.84	10	0.7%	0.035	3.5
1	0.99750	0.99303	99.55	10	0.9%	0.045	4.5
1.5	0.99551	0.98809	99.25	10	1.0%	0.050	5.0
2	0.99303	0.98218	98.91	10	1.2%	0.060	6.0
2.5	0.99055	0.97532	98.46	10	1.4%	0.070	6.9
3	0.98807	0.96753	97.92	10	1.6%	0.081	7.9

※表示単位未満を四捨五入して表示　　　　　　計　　0.341　　33.7

【図表5‒76：支払サイドのキャッシュ・フロー】

年数	DF（日本円）	元本（百万円）	利率	支払額（百万円）
	DF1	Y	D	E=Y×D×0.5
0.5	0.99910	1,000	0.3%	1.5
1	0.99750	1,000	0.3%	1.6
1.5	0.99551	1,000	0.4%	2.0
2	0.99303	1,000	0.5%	2.5
2.5	0.99055	1,000	0.5%	2.5
3	0.98807	1,000	0.5%	2.5

計　　12.6

※表示単位未満を四捨五入して表示

　受取サイドと支払サイドのキャッシュ・フローの差額であるネット・キャッシュ・フロー（純決済額）を計算し，日本円のDFを利用して割引現在価値を計算します。

【図表 5 – 77：純決済額と割引現在価値】

年数	DF （日本円） DF1	受取額 （百万円） C=B×FR	支払額 （百万円） E=Y×D×0.5	差引 （百万円） F=C－E	現在価値 （百万円） F×DF1
0.5	0.99910	3.5	1.5	2.0	2.0
1	0.99750	4.5	1.6	2.9	2.9
1.5	0.99551	5.0	2.0	3.0	3.0
2	0.99303	6.0	2.5	3.4	3.4
2.5	0.99055	6.9	2.5	4.4	4.4
3	0.98807	7.9	2.5	5.4	5.3
計		33.7	12.6	21.1	20.9

※表示単位未満を四捨五入して表示

　この結果，ベーシス・スワップの評価額は，＋20.9百万円と計算されました。

（2）　合成オプションとしての通貨スワップ

　次に，通貨交換取引としての通貨スワップについて，合成オプションとして考えるケースを検討します。

八重洲トレーディングの山田部長は，丸の内銀行の岡本次長から**図表 5 – 78**の通貨スワップの提案を受けました。為替レートが70円/米ドルでの通貨スワップなので，山田部長は比較的乗り気のようです。

為替スポット・レートは100円/米ドル，円金利1%，米ドル金利3%，ボラティリティ20%（年率）としてこの通貨スワップの評価額（八重洲トレーディング側）を計算しましょう。

【図表5‒78：元本変動型割増条件付通貨スワップ】

契約期間	契約日から10年
当事者1	八重洲トレーディング
当事者2	丸の内銀行
ギャップ割増条件	70円/米ドル
当事者1の支払額	70円/米ドル以上の場合：70百万円（70円/米ドル） 70円/米ドル未満の場合：270百万円（90円/米ドル）
当事者2の支払額	70円/米ドル以上の場合：1百万米ドル 70円/米ドル未満の場合：3百万米ドル
交換サイクル	6カ月

　この通貨スワップは，為替レートが70円/米ドルを下回ると元本が3倍に増加する元本変動型の通貨スワップであり，20円/米ドルの割増条件がある通貨スワップです。

　元本変動型割増条件付通貨スワップのペイオフを示したのが，**図表5‒79**です。

【図表5‒79：元本変動型割増条件付通貨スワップのペイオフ】

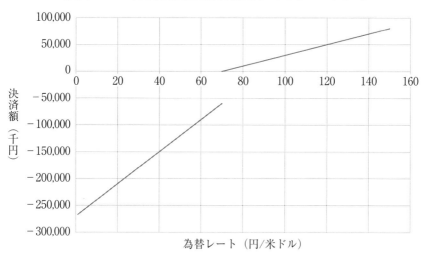

このペイオフを合成するためには，下記の 3 種類の通貨オプション（A～C）を組み合わせます。

元本変動型割増条件付通貨スワップ＝
  ＋(A)コールオプションのロング（元本 1 百万ドル，交換レート70円/米ドル）
  ＋(B)プットオプションのショート（元本 3 百万ドル，交換レート70円/米ドル）
  ＋(C)プット・デジタルオプションのショート（元本 3 百万ドル，キャッシュ20円/米ドル，基準レート70円/米ドル）

なお，元本 1 百万米ドルを基準にすると，下記のように（A＋B'×3＋C'×3）も表せます。

元本変動型割増条件付通貨スワップ＝
  ＋（A）コールオプションのロング（元本 1 百万ドル，交換レート70円/米ドル）
  ＋（B'）プットオプションのショート（元本 1 百万ドル，交換レート70円/米ドル）×3
  ＋（C'）プット・デジタルオプションのショート（元本 1 百万ドル，キャッシュ20円/米ドル，基準レート70円/米ドル）×3

この 3 つの通貨オプションを計算し，元本変動型割増条件付通貨スワップの評価額を計算します。まず，元本 1 百万米ドルのコールオプションのロング・ポジションについて，決済のタイミング（6 カ月ごと）を満期とした評価額を表示したものが**図表 5 - 80**です（計算過程は省略）。

次に，元本 3 百万米ドルのプットオプションのショート・ポジションについて，決済のタイミング（6 カ月ごと）を満期とした評価額を表示したものが**図表 5 - 81**です（計算過程は省略）。

【図表 5‒80：コールオプション（ロング）のオプション価値】

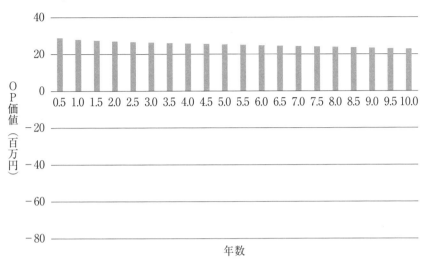

【図表 5‒81：プットオプション（ショート）のオプション価値】

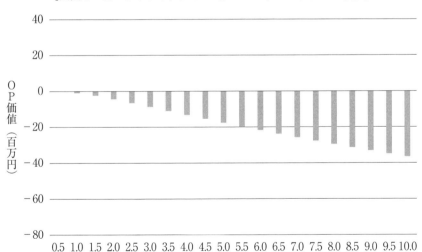

さらに，元本 3 百万米ドルのキャッシュデジタル・プットオプションの
ショート・ポジションについて，決済のタイミング（6カ月ごと）を満期とし
た評価額を表示したものが**図表 5 - 82**です（計算過程は省略）。

【**図表 5 - 82：デジタル・プットオプション（ショート）のオプション価値**】

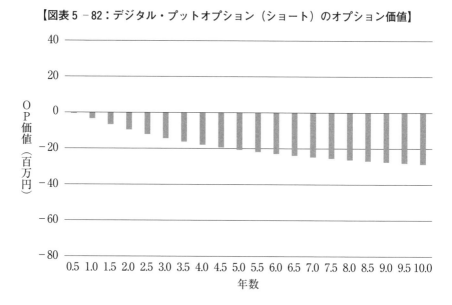

最後に， 3 つの通貨オプションの評価額の合計を，決済のタイミング（6 カ
月）ごとに表示したものが**図表 5 - 83**です。

3 つの通貨オプションを利用すると，元本変動型割増条件付通貨スワップの
評価額は約-235百万円と計算されました（内訳は**図表 5 - 84**）。

【図表 5 – 83：3 つ通貨オプションのオプション価値の合計】

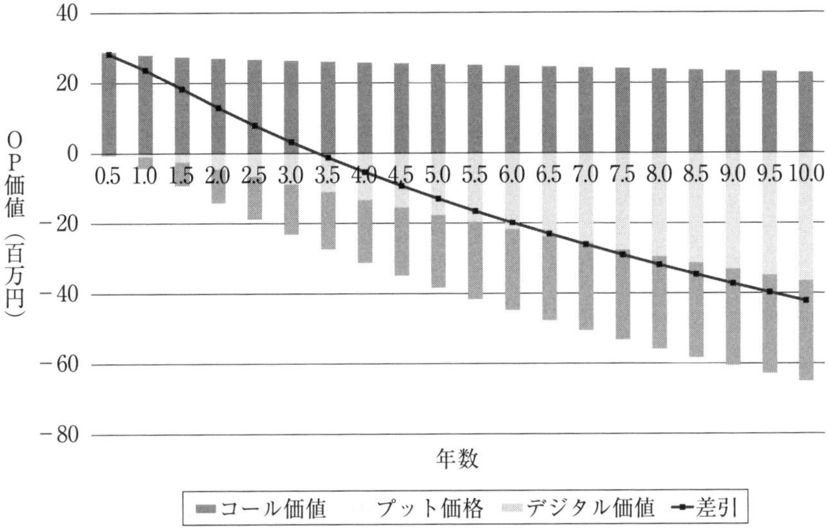

【図表 5 – 84：評価額の内訳】

内　　容	金　額
(A) コールオプションのロング（元本 1 百万ドル）	508百万円
(B) プットオプションのショート（元本 3 百万ドル）	−365百万円
(C) デジタル・プットオプションのショート	−378百万円
合計（A＋B＋C）	−235百万円

※上記は百万円未満を四捨五入して表示。

　また，**図表 5 –85**は元本変動・割増条件のない通貨スワップ（元本 1 百万ド
ル，交換レート70円/米ドル）と元本変動・割増条件のある通貨スワップにつ
いて，モンテカルロ・シミュレーションで評価した結果について，評価額を40
百万円ごとに分布数を集計して分布割合を示したものです。元本変動割増条件
のない通貨スワップは，図表 5 –84の評価額から＋386百万円（（A）＋（B）÷
3 ）と計算できます。図表 5 –85の分布割合からも，割増条件のある通貨ス
ワップのほうが，割増条件のない通貨スワップよりも低い評価額のところで多
く分布しており，平均値（評価額）が引下げられていることがわかります。

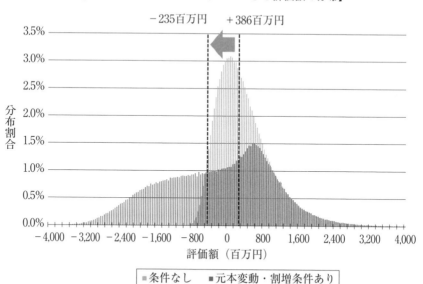

【図表5‐85：シミュレーションによる評価額の分布】

■条件なし　　■元本変動・割増条件あり

（3）　合成オプションで説明できない通貨スワップ

通貨オプションを合成することにより通貨スワップを作成できることを説明してきましたが，デリバティブの条件はどのようにでもカスタマイズできるため，単純に合成オプションではない通貨スワップも存在します。

ここでも例題を通して，どのような通貨スワップがあるかを解説していきます。

例 題

八重洲トレーディングの山田部長は，前回，丸の内銀行の岡本次長から提案された通貨スワップを契約しました。決済時に約30百万円のキャッシュ・インがあることから，同じような通貨スワップを契約できないかと岡本次長に確認したところ，**図表5‐86**の通貨スワップの提案を受けました。今度の通貨スワップは為替レートが70円/米ドル以上であれば決済額がプラスなので，山田部長は乗り気です。為替スポット・レートは100円/米ドル，円金利1%，米ドル金利3%，ボラティリティ20%（年率）としてこの通貨スワップの評価額（八重洲トレーディング側）を計算しましょう。

【図表 5 – 86：丸の内銀行が提案する通貨スワップの条件】

契約期間	10年間
御社ポジション	米ドル買い / 円売り
交換元本	【1ドル＝70円以上の場合】 1百万米ドル 【1ドル＝70円未満の場合】 3百万米ドル
基準為替レート（FX0）	1米ドル＝70円
決済為替レート（FX）	各受渡日の2営業日前の為替レート
受取金額	元本×FX
支払金額	【1ドル＝70円以上の場合】 元本×FX0 【1ドル＝70円未満の場合】 元本×（FX0×FX0÷FX）
決済サイクル	6カ月ごと

　この通貨スワップは，為替レートが70円/米ドルを下回ると元本が3倍に増加する元本変動型の通貨スワップであり，支払額が「70×70÷為替レート」に変更される通貨スワップです。元本変動型決済条件変更型通貨スワップのペイオフを示したのが，**図表5－87**です。

　今まで説明した通貨スワップとはペイオフの形状が明らかに異なり，為替レートが70円/米ドルよりも低く（円高に）なると急激に支払額が増加していきます。

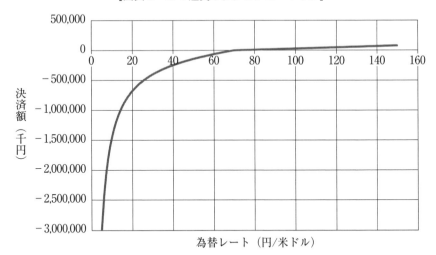

【図表 5 – 87：通貨オプションのペイオフ】

決済額（千円）

為替レート（円/米ドル）

　このようなペイオフになるのは，決済条件の変更により「FX－FX0×FX0÷FX」という純決済額になるからで，このタイプは通貨オプションの単純な合成取引とはなりません。

　すなわち，下記2つの通貨オプションのうち（B）決済条件変更オプションのショートが，一般的なオプションではないからです。

元本変動型決済条件変更型通貨スワップ＝

　＋（A）コールオプションのロング（元本1百万ドル，交換レート70円/米ドル）

　＋（B）決済条件変更オプションのショート（元本3百万ドル，交換レート70×70÷FX）

　元本変動型決済条件変更型通貨スワップをモンテカルロ・シミュレーションで計算すると，評価額は－557百万円です。

　（B）決済条件変更オプションの評価額を差額（合計額－A）で計算すると，図表5 – 88のように，－1,065百万円と計算されました。

【図表 5 – 88：評価額の内訳】

内　　容	金　額
（A）コールオプションのロング（元本 1 百万ドル）	508百万円
（B）決済条件変更プットオプションのショート	−1,065百万円
合計（A＋B）	−557百万円

※上記は百万円未満を四捨五入して計算。

　また，**図表 5 – 89**は元本変動・決済条件変更のない通貨スワップ（元本 1 百万ドル，交換レート70円/米ドル）と元本変動・決済条件変更のある通貨スワップについて，モンテカルロ・シミュレーションで評価した結果について，評価額を80百万円ごとに分布数を集計して分布割合を示したものです。図表 5 – 89の分布割合からも，決済条件変更のある通貨スワップのほうが，決済条件変更のない通貨スワップよりも低い評価額のところで多く分布しており，平均値（評価額）が引き下げられていることがわかります。

【図表 5 – 89：シミュレーションによる評価額の分布】

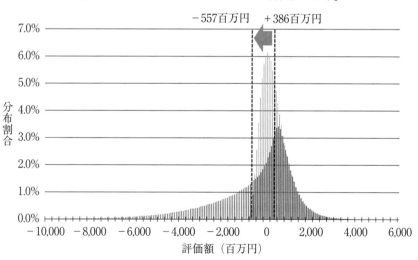

　通貨オプションの合成である通貨スワップはBSモデルなどで概算額が計算できますが，決済条件変更などによって合成オプションとみなせないデリバティブ契約は，プロ投資家以外は契約しないほうが安全でしょう。

● ● ● ● 第 **6** 章 ● ● ●

株式オプション

● ●

1. 株式オプションとは

　金利スワップや為替予約についての説明の中で，金利オプションや通貨オプションについて説明したため，オプション取引の特徴については，すでに理解できていると思います。

　本章では代表的な株式オプションである新株予約権（コールオプションのロング）をもとに，解説を行います。

◆ ◆ ◆

　恵比寿キャピタルの仲本さんが外出先から戻ってくると，上場会社である溜池建設の佐藤取締役から電話がありました。

佐藤取締役：上場以来の付き合いなので，相談に乗ってもらいたくてご連絡しました。御社で当社の新株予約権の引受は検討できますか？

仲本さん：ベンチャーキャピタル（VC）の部署とは別に，上場企業のエクイティ・ファイナンスをしている部署があるので検討できます。具体的にはどのような内容ですか？

佐藤取締役：実は，3年前に戸建の開発を行った案件で販売が計画通りに進んでいなくて，開発資金として借りた借入金がまだ20億円くらい残っています。銀行からは全額のリファイナンスは難しいと言われていて，返済資金のうち10億円くらいをエクイティ・ファイナンスで調達できないかと思っています。

仲本さん：要は，新株予約権を発行して，払込資金で借入金を返済したいということ

ですね。ちなみに，引受を依頼する新株予約権はどのような条件ですか？

佐藤取締役：昨日の終値が100円/株ですが，行使価格90円/株，行使期間を３年で
　　　　　　お願いできないかと思っています。

仲本さん：いま価格を計算してみますので，このまま少しお待ちください。

　溜池建設のボラティリティは80％（年率），配当率０％，割引率１％のため，オプ
ション評価において必要なパラメータは**図表6‐1**です。

【図表6‐1：溜池建設の発行を検討する新株予約権】

原資産価格（株価）	100円/株
行使価格	90円/株
行使可能期間	３年
ボラティリティ	80％
割引率	１％
配当率	０％

　仲本さんがBSモデルで計算すると，新株予約権の価値は，１株当たり54円と計算
されました。

仲本さん：お待たせしました。いま計算すると，新株予約権の価値は，１株当たり
　　　　　54円のようです。ボラティリティが高いのが原因ですが，そのままの条
　　　　　件だと難しいかもしれません。正直，有利発行にあたらないように１株
　　　　　90円で新株（普通株式）発行のほうが，検討しやすいです。

佐藤取締役：株価が100円なのに，新株予約権が54円になってしまうんですか？

◆ ◆ ◆

　「第２章7．オプション価値」で，新株予約権の価値（コールオプションの
ロングの価値）は，本源的価値（株価−行使価格）と時間的価値から構成され
ると説明しました。ボラティリティが高く，行使期間が長いと，オプション価
値（特に時間的価値）は大きくなります。

　溜池建設が発行を検討している新株予約権は，行使価格が90円なので，本源
的価値が10円，時間的価値が44円（54円−10円）です。

　ただ，本源的価値と時間的価値というのは，差額から計算しているだけで，

この区分けは重要ではありません。

　たとえば，行使価格50円の場合，オプション価値68円，本源的価値が50円，時間的価値が18円（68円－50円）です。行使価格90円の場合と比べて，本源的価値が40円も増えているのに，オプション評価額は14円（68円－54円）しか増えません。

　本源的価値（株価－行使価格）というのは，オプション価値にあまり影響を与える訳ではないのです。

　ちなみに，溜池建設が発行を検討している新株予約権について，行使価格を10円～200円に変動させた場合の，オプション価値，本源的価値，時間的価値を表示したものが**図表6－2**です。本源的価値が増えるほどオプション価値は高くなるものの，オプション価値の変動はそれほど大きくありません。

【図表6－2：行使価格とオプション価値の関係】

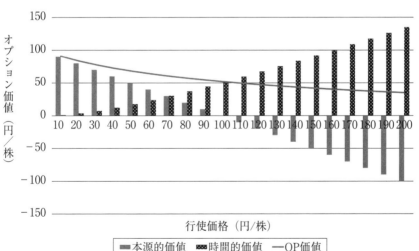

　オプション価値に対しては，本源的価値に影響する行使価格よりも，ボラティリティや行使期間のほうが影響が大きいのです。溜池建設が発行を検討している新株予約権について，他の条件（株価100円，行使価格90円，配当率0％，割引率1％）を変更せず，ボラティリティと行使可能期間を変動させ，

オプション価値の変化を計算したものが，**図表 6 – 3**，**図表 6 – 4** です。

【図表 6 – 3：ボラティリティとオプション価値の関係】

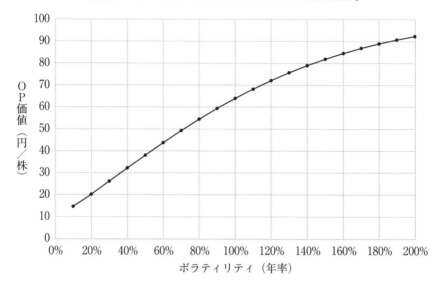

【図表 6 – 4：行使期間（満期）とオプション価値の関係】

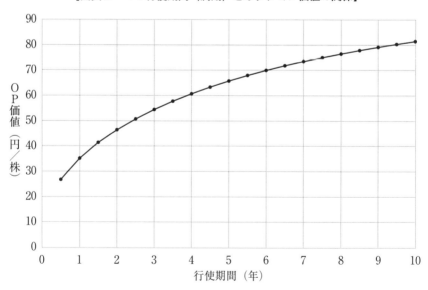

図表6－3，6－4から，以下の関係がわかります。

> ・ボラティリティが大きくなるほど，オプション価値は大きくなる
> ・行使可能期間（満期）が長くなるほど，オプション価値は大きくなる

　このように，株式オプション（新株予約権）は，パラメータによって評価額が大きく変動します。以降において，その性質について解説をしていきます。

2.　株式オプションの種類

（1）　株式オプションの形態

　ここでは，株式オプションをどのように利用しているかについて，解説を行います。

　まず，純粋な株式オプションとして，特定の上場株式（個別株式）を対象にした株式オプションが広く取引されているわけではなく，日経225オプションなど限られた株式指標を原資産としたオプション取引が行われているのが実状です。

　株式オプションの契約当事者が発行会社と投資家の場合は新株予約権と言われます。デリバティブ取引としての個別株オプションよりも，会社が発行する新株予約権のほうが取引としては一般的です。

　株式オプションの形態を例示すれば**図表6－5**のようになります。

　新株予約権は上場会社か非上場会社かを問わず，会社であれば発行が可能です。非上場会社が発行する新株予約権もありますが，本書の対象からは外れているため，説明は省略します。個別に興味がある人は，姉妹書の『金融マンのためのエクイティ・ファイナンス講座』をご覧ください。

　新株予約権は取得する対象者によって，大きく，投資家向けの新株予約権と役職員向けのストック・オプション（以下，「SO」と略称で記載する場合があります）に分かれます。それぞれ，独特の発行形態で，発行会社，投資家，役職員の会計・税務処理も特徴があります。

【図表 6 – 5：株式オプションの形態】

株式オプションの種類	契約当事者	内　　容
取引所取引 （日経225オプション， TOPIXオプションなど）	市場参加者全般	限られた株式指標を対象にするオプション。取引量は多い。
個別株オプション	オプショントレーダー （相対取引）	個別株式を対象にするオプション取引。相対取引のため取引量は少ない。
投資家向け新株予約権	発行会社と投資家	資金調達を希望する発行会社が投資家に対して発行。
ストック・オプション	発行会社と役職員	役職員へのインセンティブ（株式報酬）として発行。

　会計処理や税務処理については後で説明することとして，ここでは，それぞれの評価方法や税務上の扱いなど，ポイントとなる事項について説明していきます。

（2）　投資家向け新株予約権

　投資家に対して新株予約権を発行するのは，いくつかの目的・理由があります。

　純粋な資金調達の場合もあれば，他の資金調達手段（借入金，社債）の投資リターンを向上させるために発行する場合もあります。

　上場企業がエクイティ・ファイナンスで資金調達を行う際には，確実に資金が確保できる株式発行（増資）のほうが望ましいはずです。ただし，市場流動性がないなどの理由で，調達希望金額まで増資による調達が見込めない場合があります。このような場合，投資家としては売れない（流動性のない）株式を引き受けるにはリスクがあるため，株式保有リスクのない新株予約権を取得して，売却可能数量のみ予約権を行使して株式を売却するほうが好まれます。

　投資家に対して新株予約権を発行するのは，普通株式での資金調達が困難な場合などがあり，主な発行形態とその内容を例示すれば**図表 6 – 6**のようになります。

【図表6‒6：新株予約権の発行形態とその内容】

発行形態	内　　容
MSワラント	行使価格を株価の90%などに設定して発行するため，投資家は必ず利益がでる状況で投資できる。
エクイティ・コミットメントライン	投資家に対してMSワラントを発行し，発行企業が新株予約権の行使を指示できるもの。発行会社は資金が必要な際に，予約権行使を指示して調達できる。投資家は，行使価格が株価よりも低いため，必ず利益が発生する。
固定価格ワラント	オプション価値が下がる発行内容で，予約権を発行するもの。分割行使が必要な場合など，調達可能な金額が限定される。

（3） ストック・オプション

　会社の役職員に対して，株式を対価とした報酬（譲渡制限付株式，ストック・オプションなど）が支払われる場合があり，株式報酬と言われます。ストック・オプション（SO）は，役職員に対する新株予約権を対価とした株式報酬です。

　特にベンチャー企業においては，役職員へのインセンティブとして，ストック・オプション（または，譲渡制限付株式）が活用されています。優秀な人材を確保しようとした際に，大企業であれば，普通に人材が集まりますが，業歴が浅く，業績に波があるベンチャー企業では，大企業と同じ条件で募集しても人材は集まりません。

　大企業よりも多少給与を高くしても，あまりインセンティブにはならないため，会社の業績に応じてリターンが見込めるストック・オプション（または，譲渡制限付株式）のほうが好まれる傾向にあります。ストック・オプションには，**図表6‒7**のようなさまざまな発行形態があります。

【図表 6 – 7：ストック・オプションの発行形態】

発行形態	内　容
税制非適格SO（無償）	最も一般的なSOの発行形態。税務上の特例等を利用しない。
税制適格SO（無償）	役職員に対して税務上のメリットがあるように発行されるSO。
退職金型SO（無償）	役職員の所得を退職所得とするSO。
有償SO	役職員に対して有償で発行するSO。外部投資家へ発行する場合と同様で，給与所得が発生しないSO。 払込金額を引き下げるため，業績連動型SOや強制行使型SOが利用される。

3.　パラメータによる評価額への影響

　オプション評価モデルについては，金利スワップや為替予約とともに説明をしたので，本章では，評価モデルの説明は行わず，株式オプションに特有の事項について解説を行います。

　株式オプションは，（分割行使を前提に評価を行う場合はありますが）スワップ取引のように契約期間に何度も決済が行われることは基本的になく，1回のみの取引として扱われます。

　オプションの評価額は使用するパラメータによって影響を受けますが，その影響度が他のデリバティブ取引に比べて比較的理解しやすいと思います。

　溜池建設が恵比寿キャピタルに依頼した新株予約権は，ボラティリティや満期などさまざまな要因が評価額に影響を与えていました。

　オプション価値を計算する際に利用するパラメータは以下のようなものがあります。

- 原資産価格（株価）
- 行使価格
- 満期
- 割引率
- ボラティリティ
- 配当率

ここでは，それぞれのパラメータがオプション価値に及ぼす影響を説明します。

　パラメータによる影響を計るため利用する評価モデルは，下記のブラック＝ショールズ・モデル（BSモデル）とし，**図表 6 - 8**の新株予約権を基準にして説明します。

【ブラック＝ショールズ・モデル（配当修正モデル）】

$$c = S_0 e^{-qT} N(d_1) - K e^{-rT} N(d_2)$$

$$d_1 = \frac{\ln\left(\frac{S_0}{K}\right) + \left(r - q + \frac{\sigma^2}{2}\right)T}{\sigma\sqrt{T}}, \quad d_2 = d_1 - \sigma\sqrt{T}$$

　　c：コールオプションのプレミアム

　　$N(d_i)$：標準正規分布の累積密度関数

　　S_0：評価時の株価

　　K：権利行使価格

　　r：リスクフリーレート

　　T：満期までの期間(年)

　　σ：ボラティリティ

　　q：予想配当利回り

【図表 6 - 8 ：基礎とする新株予約権の条件】

株価	100円/株
行使価格	100円/株
満期（行使可能期間）	1 年間
割引率	1 ％（年率）
配当率	0 ％（年率）
ボラティリティ	50％（年率）

（1）　原資産価格（株価）

　株式オプションにおける原資産価格は株価のことで，オプションの予約権行

使によって「株価－行使価格」が利益となるため，当然にオプション価値に影響します。

　図表 6 － 8 の新株予約権について，原資産価格（株価）を10円/株から200円/株まで変化させてオプション価値の変化を示したものが，**図表 6 － 9** です。当然のことながら，原資産価格（株価）が増加すれば，オプション価値は増加します。

【図表 6 － 9 ：原資産価格とオプション価値の関係】

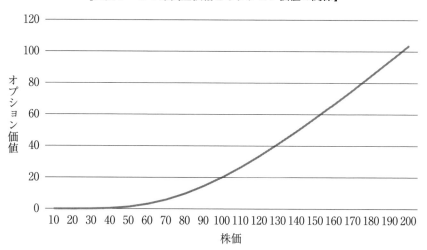

（ 2 ）　行使価格がオプション価値に及ぼす影響

　オプション価値の本源的価値は「株価－行使価格」なので，行使価格が低いほうがオプション価値は高くなります。

　図表 6 － 8 の新株予約権について，行使価格を10円/株から200円/株まで変化させてオプション価値の変化を示したものが**図表 6 －10**です。当然のことながら，行使価格が増加すれば，オプション価値は減少します。

【図表6‑10：行使価格とオプション価値の関係】

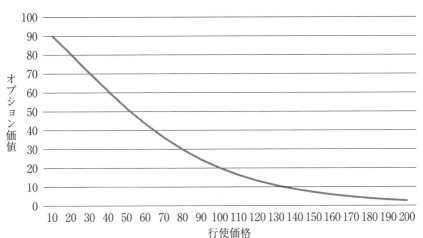

（3）　満期がオプション価値に及ぼす影響

　オプションは行使できる期間が長くなるほど株価が上昇するケースが発生するため，オプション価値は高くなります。

　図表6‑8の新株予約権について，満期（行使可能期間）を0.5年から10年まで変化させてオプション価値の変化を示したものが**図表6‑11**です。満期（権利行使可能期間）が長いほどオプション価値が増加することがわかります。

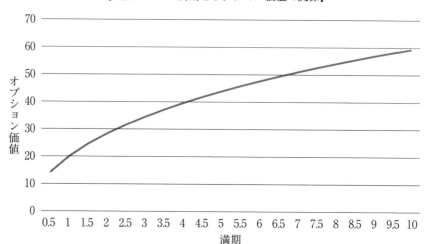

【図表6−11：満期とオプション価値の関係】

（4） 割引率がオプション価値に及ぼす影響

　株式評価とは違って，割引率がオプション価値にそれほど影響を与えることはありません。割引率はオプション評価においては，ドリフトの決定要因，リスク中立確率の決定要因となり，割引率が高くなるほどオプション価値は高くなります。

　図表6−8の新株予約権について，割引率（リスクフリーレート）を−1％から＋5％まで変化させてオプション価値の変化を示したものが**図表6−12**です。あまり影響は大きいとは言えませんが，割引率が大きくなるほどオプション価値が増加していることがわかります。

【図表6-12：割引率とオプション価値の関係】

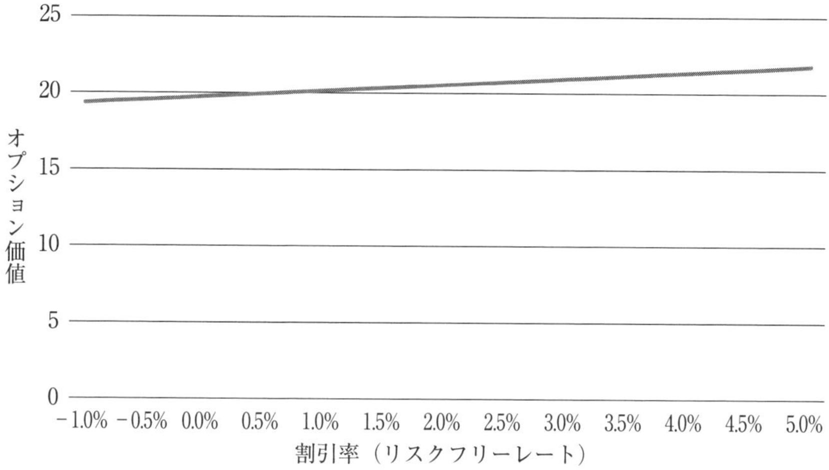

（5）　ボラティリティがオプション価値に及ぼす影響

　ボラティリティは，「値動きの荒さ」を表すものと説明しました。オプション価値は「株価-行使価格」で算定されることから，ボラティリティが大きいほど株価が大きく増加する確率が高まり，オプション価値を増加させます。

　図表6-8の新株予約権について，ボラティリティを10%から200%まで変化させてオプション価値の変化を示したものが**図表6-13**です。ボラティリティが大きくなるほどオプション価値が増加することがわかります。

【図表 6 - 13：ボラティリティとオプション価値の関係】

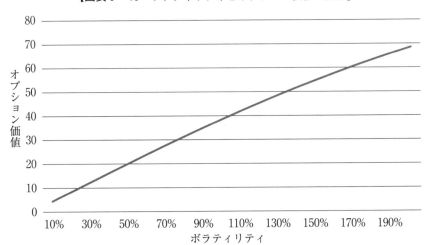

（6） 配当率がオプション価値に及ぼす影響

オプション評価における配当率は，配当金の権利落ちによる株価低下を加味するもので，オプション評価においては，ドリフトのマイナス要因となります。すなわち，配当率が大きくなるほど将来の株価の希薄化からオプション価値は低くなります。

図表 6 - 8 の新株予約権について，配当率を 0 ％から 5 ％まで変化させてオプション価値の変化を示したものが**図表 6 - 14**です。配当率が大きくなるほどオプション価値が減少することがわかります。

【図表6－14：配当率とオプション価値の関係】

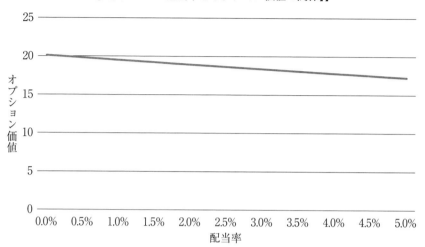

（7）　グリークス（Greeks）

　グリークスとは，「ギリシャ文字」のことですが，オプションの性質を表す指標です。オプション評価に用いるパラメータではありませんが，オプションを議論する際にたまに出てきます。

　通常利用されるグリークスには，デルタ，ガンマ，ベガ，セータ，ローがあり，それぞれの内容は，**図表6－15**のとおりです。

【図表6‒15：グリークスの意味】

指　標	内　　容
デルタ（Delta）	原資産価格が1変化した場合のオプション価格の変動率 e.g. デルタが0.5の場合，株価が100円増加すると，オプション価値は50円増加
ガンマ（Gamma）	原資産価格が1変化した場合のデルタの変動率
ベガ（Vega）	ボラティリティ変動によるオプション価格の変動率 e.g. ベガが20の場合，ボラティリティが1％増加すると，オプション価値は0.2増加（100で割って使用）
セータ（Theta）	タイム・ディケイ（時間の経過）によって失われるオプション価値
ロー（Rho）	金利の変動によるオプション価値の変動率 e.g. ローが50の場合，金利が1％増加すると，オプション価値は0.5増加（100で割って使用）

4. 新株予約権の会計・税務処理

　新株予約権のうちストック・オプションは，役職員に対する株式報酬という性質を有しているため，特有の会計処理，税務処理が存在します。ここでは，新株予約権に特有の会計・税務の取扱いについて説明します。

（1）　新株予約権の会計処理

　新株予約権の会計処理として特徴的な取扱いがあるのは，**図表6‒16**に記載したとおり，発行会社だけです。投資家は，金融商品会計基準などの一般的な会計基準に従って会計処理を行うだけで，特徴的な取扱いはありません。

　ここでは，「ストック・オプション会計基準」等，「従業員等に対して権利確定条件付き有償新株予約権を付与する取引に関する取扱い」について説明を行います。

【図表6‒16：関係当事者と該当する会計基準】

当事者	会　計　基　準　等
発行会社	・ストック・オプション会計基準など ・従業員等に対して権利確定条件付き有償新株予約権を付与する 　取引に関する取扱い
投資家	特になし（金融商品会計基準など一般的な会計基準に準拠する）
役職員	特になし

①　ストック・オプション会計基準

　ストック・オプションを発行した会社は，「ストック・オプション等に関する会計処理基準」（企業会計基準第8号，以下「ストック・オプション会計基準」といいます）に従って処理する必要があります。ストック・オプション会計基準では，ストック・オプションの無償発行を役職員に対する報酬と考えるため，ストック・オプションの無償発行のコスト（報酬）は，権利行使開始までの期間に「株式報酬費用」として費用処理します。具体的にどのような会計処理が行われるかを，例題を使って説明します。

> **例題**
>
> 溜池建設は，下記の新株予約権を役職員に対して発行しました。発行時，1年後，2年後，予約権行使時の会計処理を答えなさい。

【ストック・オプションの発行条件等】

ストック・オプションの価値 （公正評価額）	100円
役職員の金銭支払	0円（無償）
行使価格	100円
権利行使開始日	2年後
満期	10年後

　無償発行なので，ストック・オプションの評価額を報酬として処理します。

行使期間日は2年後なので，今後2年間で費用処理します。すなわち，新株予約権の行使開始時点までに費用処理するので，1年間に50ずつ費用処理します。

【発行時の仕訳】

　何もなし

【1年目の仕訳】

（借方）　株式報酬費用（販管費）　　50	（貸方）　新株予約権（純資産）　　50

【2年目の仕訳】

（借方）　株式報酬費用（販管費）　　50	（貸方）　新株予約権（純資産）　　50

　新株予約権を行使した場合は，新株予約権の会計処理と比較して特に変わりはありません。従業員等が取得した新株予約権を行使した場合，会計処理は下記のようになります。

【新株予約権を行使した時】

（借方）　現金預金　　　　　　　　100	（貸方）　資本金（純資産）　　　　100
新株予約権（純資産）　　100	資本準備金（純資産）　　100

※払込金額の50％を資本組入れして処理

②　権利確定条件付き有償新株予約権の取扱い

　前述のストック・オプション（SO）は，無償発行を前提としているため，発行に掛かるコスト（公正評価額）は会社の費用として会計処理されます。投資家に対して新株予約権を発行する場合には，新株予約権の対価として金銭の支払があるため，会社の費用とはなりません。

　有償SOは，投資家に対して発行するのと同様に，役職員から金銭の払込がある（有償）として発行されるストック・オプションのため，会社のコスト負

担は発生しません。

　以下のようなストック・オプションの発行時，新株予約権の行使時の会計処理は，投資家向けと同様に以下のようになります。

ストック・オプションの価値 （公正評価額）	100円
役職員の金銭支払	100円（有償）
行使価格	100円
満期	10年後

【払込時の仕訳】

（借方）　現金預金	100	（貸方）　新株予約権（純資産の部）	100

【新株予約権を行使した時】

（借方）　現金預金	100	（貸方）　資本金（純資産の部）	100
新株予約権（純資産の部）	100	資本準備金（純資産の部）	100

※払込金額の50％を資本金として組入れして処理

　ただし，役職員に対して有償でストック・オプションを発行するとしても，あまりに高いオプション料の払込を強要しては，インセンティブとはなりません。

　なるべく払込を行う金額（公正評価額）を少なくして役職員のインセンティブとするために，業績条件などを付けることによって，ストック・オプションの評価額を小さくするようにします。

ストック・オプションの価値 （公正評価額）	10円（業績条件を加味した場合）
ストック・オプションの価値 （公正評価額）	100円（業績条件を加味しない場合）
役職員の金銭支払	10円（有償）
行使価格	100円
業績条件	２年後に連結営業利益が10億円以上であること
満期	10年後

　業績条件付きの有償SOは，2018年１月に企業会計基準委員会が公表した実務対応報告第36号「従業員等に対して権利確定条件付き有償新株予約権を付与する取引に関する取扱い」に従って会計処理を行うことになります。

　有償SOは，業績条件（上記の場合は，「２年後に連結営業利益が10億円以上であること」という条件）などを付けることによって，オプション価値を大幅に低く抑えているタイプのストック・オプションです。

　このケースの場合は，業績条件（会計基準では「権利確定条件」）がある場合のストック・オプションの価値は10円なのに対して，業績条件がない場合はストック・オプションの価値は100円となっています。業績条件を付けることによって，本来の価値から90円安く（△90％）評価している訳です。

　発行した時点では，業績条件がクリアできるかどうかわからないため，非常に低い価格で発行できるのですが，業績条件がクリアできるとストック・オプションの価値は100円になることから，この部分を補正しようとするのが，この実務対応報告の趣旨です。

　当初10円で発行された権利確定条件付き有償新株予約権が，２年後に業績条件（連結営業利益が10億円以上）をクリアした場合，どのような会計処理が行われるかについて解説します。

　当初は10円の払込のため，新株予約権10円が純資産の部に計上されます。

【払込時の仕訳】

（借方）　現金預金	10	（貸方）　新株予約権（純資産の部）	10

　2年後に業績条件がクリアできると，有償SOが本来の価値100円になるため，すでに払込を受けた10円との差額90円を費用として計上します。

【業績条件をクリアした場合の仕訳】

（借方）　株式報酬費用	90	（貸方）　新株予約権（純資産の部）	90

　予約権の行使時には，新株予約権100円（当初払込額＋株式報酬費用の追加計上額）と行使価格100円との合計額が，資本金と資本準備金に計上されます。

【新株予約権を行使した時】

（借方）　現金預金	100	（貸方）　資本金（純資産の部）	100
新株予約権（純資産の部）	100	資本準備金（純資産の部）	100

※払込金額の50%を資本金として組入れして処理

（2）　新株予約権の税務処理

　新株予約権において，税務上の論点があるのは，**図表6−17**に記載したとおり，発行会社と役職員だけです。投資家は，特徴的な取扱いはありません。
　ここでは，発行会社と役職員の税務上の取扱いについて説明を行います。

【図表6‒17：関係当事者と税務上の論点】

当事者	税 務 上 の 論 点
発行会社	法人税法上の損金算入要件
投資家	特になし
役職員	所得税法上の所得区分の違い（税制非適格SO，税制適格SO，退職金型SO，有償SO）

① 役職員の税務上の取扱い

　実際に発行されているストック・オプションにはさまざまなものがありますが，代表的なストック・オプションである，税制非適格ストック・オプション（SO），税制適格ストック・オプション（税制適格SO），有償ストック・オプション（有償SO）を取得した役職員の税務上の取扱いを説明します。

　それぞれのタイプを簡単に説明すると，税制非適格ストック・オプションは，何の制限もない新株予約権の無償取得です。

　次に，税制適格ストック・オプションは，税務上の要件を満たすことによって，権利行使時には課税されず，売却時に行使価格と売却時の時価の差額について，株式の売却損益（**譲渡所得**）として申告分離課税されるものです。株式の譲渡所得は，売却益が大きく出てしまったとしても，売却益に対して20％の源泉分離課税でよいため，税制非適格ストック・オプションによって生じる給与所得よりも税額で有利になるケースがあります。

　有償ストック・オプションは，外部投資家が新株予約権を取得する場合と同じで，新株予約権の対価の支払があるものです。

　図表6‒18のように，新株予約権の行使価格が100円，行使時の株価が150円，売却時の株価が200円であったとします。また，新株予約権を有償で取得する場合，新株予約権の取得価額を10円とします。

【図表 6 – 18：SO取得時からの株価推移】

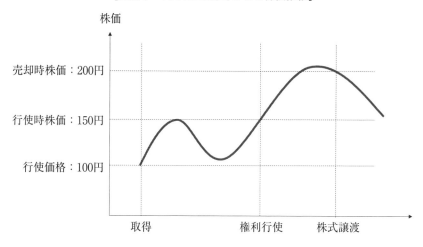

この場合，各タイプにおいて発生する課税所得とその所得区分は，**図表 6 –19**のようになります。

【図表 6 – 19：新株予約権の発行タイプごとの税務上の取扱い】

タ イ プ	取 得 時	権利行使時	株式譲渡時
税制非適格SO	課税なし	課税あり 給与所得：50円	課税あり 譲渡所得：50円
税制適格SO	課税なし	課税なし	課税あり 譲渡所得：100円
有償SO	課税なし	課税なし	課税あり 譲渡所得：90円

なお，それぞれのストック・オプションの特徴などを詳しく説明すると細かくなりすぎるため，本書では説明を省略します。詳しく知りたい人は，姉妹書の『金融マンのためのエクイティ・ファイナンス講座』をご覧ください。

② 発行会社の税務上の取扱い

まず，法人税法では，発行体（会社）のストック・オプションの損金算入時期は，役職員に給与所得が発生した時点とされています。役職員にどのような所得が発生するかについては，前述の「①役職員の税務上の取扱い」で説明しました。発行体においては，どの時点で役職員に給与所得が発生するかをここでは説明します。

ⅰ) 役職員向けストック・オプション（税制非適格）

役職員向けのストック・オプションのうち，税制非適格のストック・オプションについては，新株予約権の行使時に役職員の給与所得等として課税されるため，給与等課税事由が生じた日（**行使時**）に**新株予約権の公正価値**を損金算入します（法人税法第54条の2第1項，法人税法施行令第111条の3第3項）。

税制非適格ストック・オプションを取得した役職員と発行会社の課税時期を比較すると，**図表6‑20**のようになります。

【図表6‑20：税制非適格ストック・オプションの課税時期と所得区分】

時　点	役　職　員	発　行　会　社
発行時	課税なし	損金算入できない
権利行使時	課税あり 給与所得等：株価―行使価格	損金算入できる 損金算入額：発行時の時価
株式譲渡時	課税あり（譲渡所得）	―

ⅱ) 役職員向けストック・オプション（税制適格）

法人税法上，個人の所得税に対応して給与所得とすべき場合にのみ損金算入が認められることになりますので，給与所得が生じない税制適格ストック・オプションについては**損金算入することができません**（法人税法第54条の2第2項）。

税制適格ストック・オプションを取得した役職員と発行会社の課税時期を比較すると，**図表6‑21**のようになります。

【図表 6 − 21：税制適格ストック・オプションの課税時期と所得区分】

時　点	役　職　員	発　行　会　社
発行時	課税なし	損金算入できない
権利行使時	課税なし	損金算入できない
株式譲渡時	課税あり（譲渡所得）	—

5.　事例演習

　ここでは，投資家向けの新株予約権，役職員向けのストック・オプションについて，それぞれ発行されるタイプの特徴を，事例を通して解説していきます。

（1）　会計基準による評価方法の違い

　ここでは，投資家向けの新株予約権，役職員向けのストック・オプションについて，会計基準によって，どのように評価額に差が生じるかについて説明します。ストック・オプションは「ストック・オプション等に関する会計基準（企業会計基準第 8 号）」に従って会計処理を行いますが，この会計基準は，金融商品としてのオプション評価を部分的に取り入れているのもの，一般的なオプション評価とは異なる部分が含まれています。

　ストック・オプションは，不特定多数の従業員に対して発行されるため，不特定多数の新株予約権者がバラバラに行使することを前提に会計基準が作成されます。一般的なオプション取引を評価する場合には，権利行使期間はオプションの満期までの期間を使用して評価を行うことになりますが，ストック・オプションの場合は，平均権利行使期間を権利行使開始日から満期日までの期間に平均的に権利行使されると仮定して評価を行うため，権利行使期間の真ん中（予想残存期間）で予約権の行使をするものとして評価します。

　投資家向け新株予約権とストック・オプションの評価方法を比較すると，図表 6 − 22のような差があります。

【図表 6 - 22：投資家向け新株予約権とストック・オプションの評価方法の違い】

項　目	投資家向け新株予約権	ストック・オプション
行使期間	満期まで	権利行使期間の真ん中（予想残存期間）
ボラティリティ	満期まで	権利行使期間の真ん中（予想残存期間）に対応したもの

　具体例をもとにどのような差が生じるかについて解説します。

目黒セラミックは，**図表 6 - 23**に記載する新株予約権を，従業員と，証券会社に発行しようとしています。従業員に発行するストック・オプションと証券会社に発行する新株予約権について，評価額を算定しなさい。

【図表 6 - 23：新株予約権の発行条件および評価パラメータ】

株価	100円
行使価格	100円
リスクフリーレート	1 ％
配当率	0 ％
ボラティリティ	6 年：50％ 10年：60％
行使開始日	2 年間経過後
満期	10年

　投資家向け新株予約権とストック・オプションでは，新株予約権を評価する際に利用するパラメータのうち，行使期間（満期）とボラティリティが異なります（**図表 6 - 24**）。
　投資家向けの新株予約権は，満期までの期間を行使期間として評価するため行使期間は10年です。一方，ストック・オプションは，**図表 6 - 25**のように行使開始日から満期までの間に，バラバラと不特定多数の役職員が権利行使していくと考えるため，権利行使日と満期日のちょうど中間（予想残存期間）で権

利行使を行うと仮定します。

【図表6‐24：新株予約権の評価に利用するパラメータ】

項　目	投資家向け新株予約権	ストック・オプション
行使期間	10年	6年 予想残存期間＝（2年＋10年）÷2
ボラティリティ	60%	50%

【図表6‐25：ストック・オプションの予想残存期間のイメージ】

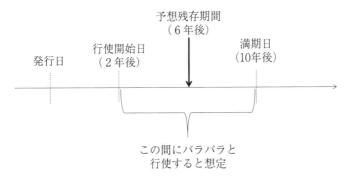

これを前提に，BSモデルで評価を行うと，評価額（1株当たりの新株予約権の価値）は**図表6‐26**のように計算されます（計算過程は説明を省略）。

株価100円に対する1株当たりの新株予約権の評価額として，投資家向け新株予約権の場合は67.4円，ストック・オプションの場合は47.6円と計算されることから，行使期間の短いストック・オプションのほうが，評価額が低くなることがわかります。

【図表6‐26：新株予約権の評価額（1株当りの新株予約権の価値）】

	投資家向け新株予約権	ストック・オプション
評価額	67.4円	47.6円

　同じ新株予約権を発行したとしても，会計基準の影響で，ストック・オプションのほうが，評価額が低くなるのです。ここではボラティリティを違う数値で計算しましたが，仮に同じ50％であったとしても，投資家向け新株予約権の評価額は59.2円で，行使期間の短いストック・オプションのほうが評価額は低くなります。

（2）　退職金型ストック・オプション

　以前よりは件数が減りましたが，役員退職慰労金の代わりに，ストック・オプション（無償）が利用されるケースがあります。具体的にどのような条件で発行されるかについて解説します。

> 溜池建設では，取締役の在任中の成果を，株価連動の退職金としてストック・オプション（**図表6-27**）を発行しようとしています。評価に必要なパラメータが**図表6-28**の場合，退職金型SOの評価額を計算しなさい。

【図表6-27：退職金型SOの発行要項の抜粋】

対象者	取締役（○人）
新株予約権の目的となる株式の種類および数	新株予約権1個当たりの目的である株式の数（以下「目的株式数」という）は，当社普通株式100株とする。
新株予約権の総数	100個
新株予約権の払込金額	割当日において，ブラック＝ショールズ・モデルにより算出した1株当たりのオプション価格に目的株式数を乗じた金額とする。 なお，取締役に対して新株予約権の払込金額の総額に相当する金銭報酬を支給することとし，この報酬の請求権と新株予約権の払込金額を相殺する。
行使価格	1株当たり1円とする。
新株予約権を行使することができる期間	○年○月○日から○年○月○日まで（30年）
新株予約権行使の条件	新株予約権者は，当社の取締役の地位を喪失した日の翌日から10日間以内（10日目が休日に当たる場合には翌営業日）に限り，新株予約権を行使することができる。

【図表6‐28：新株予約権の発行条件および評価パラメータ】

株価	100円
行使価格	1円
リスクフリーレート	1％
配当率	2％
ボラティリティ	15年：50% 30年：50%
満期	30年後
行使予定年数	15年後（平均退職予定年数）

　ここで，普通のストック・オプションと異なる点は，行使価格が1円に設定されており，ほぼ100％利益が出ることと，新株予約権の行使条件が退職の翌日から10日以内に設定されていることから，評価において採用される予想残存期間が各役員の退職予定日までの平均になることです。

　事例のケースでは，新株予約権自体の行使可能期間は30年ですが，取締役の平均退職予定年数が15年なので，満期が15年のオプションとして評価します。通常のストック・オプションと退職金型SOの評価額をBSモデルで計算し，比較したものが，**図表6‐29**です。

　行使価格が1円で，当初株価との差は99円（100円－1円）なので，すぐに予約権を行使すれば99円利益が出るはずです。ただし，本件では，配当率2％がリスクフリーレートよりも大きいため満期までの期間が長くなるほど評価額が低くなります。通常のSOは満期が30年に対して，退職金型SOは満期が15年なので，満期までの期間が短い退職金型SOのほうが，評価額が高くなっています。

【図表6‐29：新株予約権の評価額（1株当りの新株予約権の価値）】

	通常のSO	退職金型SO
評価額	54.4円	73.3円

ちなみに，配当率を0％から5％まで変化させた場合，通常のSOと退職金型SO評価額をBSモデルで計算したのが**図表6-30**です。満期までの期間が長いため，配当率が高くなるほど，評価額が低くなることがわかります。

【図表6-30：配当率を変化させた評価額（1株当たりの新株予約権の価値）】

配当率	通常のSO	退職金SO
0％	99.4円	99.2円
1％	73.5円	85.2円
2％	54.4円	73.3円
3％	40.2円	62.9円
4％	29.7円	54.1円
5％	21.9円	46.4円

（3）　強制行使型ストック・オプション

新株予約権の評価額を下げるために，「株価が○円まで低下した場合に予約権を行使しなければならない」という条件を付けてストック・オプションを発行するケースがあります。

たとえば，株価100円，行使価格100円の新株予約権について，「株価が50円以下になった場合に行使をしないといけない」という条件を付けて発行するケースです。ここでは，行使が強制されるため，強制行使型SOと呼んでいますが，株価が50円で行使価格100円だと，50円の損失が発生します。

具体的に，どれくらいの価格インパクトがあるのかについて，事例をもとに説明をしてみます。

溜池建設は，評価額を下げるため，**図表6-31**の発行条件で役職員にストック・オプションを発行しようとしています。このストック・オプションの評価額を計算しましょう。

【図表6‐31：強制行使型SOの発行条件】

株価	100円/株
行使価格	100円/株
リスクフリーレート	1％
ボラティリティ	50％
配当率	0％
行使期間	5年間
新株予約権の行使の条件	株価が50円以下になった場合，新株予約権者は新株予約権を行使しなければならない

　株価が100円なので，今後5年間に株価が半分（50円）以下になった場合に，予約権行使によって50円の損失が発生するという性質のものです。このストック・オプションをモンテカルロ・シミュレーションで評価してみます。

　計算した評価額は，1株当たり5.3円（株価の5.3％）となりました（**図表6‐32**）。強制行使条件がない場合の評価額は43.8円（株価の43.8％）なので，強制行使条件があることによって評価額が大幅に引下げられていることがわかります。

【図表6‐32：モンテカルロ・シミュレーションによる評価額】

	強制行使条件なし	強制行使条件あり
評価額（円/株）	43.8	5.3

　この強制行使型SOをモンテカルロ・シミュレーションによって評価した場合，各試行によって発生する損益の分布は**図表6‐33**のようになっています。比較対象として強制行使条件がない場合のSOの評価額の分布を示したのが，**図表6‐34**です。両者を比較してみればわかりますが，強制行使型SOの場合は，株価が50円を下回った場合に強制的に行使されるため，損失が発生することになり，評価額を引下げています。

【図表 6 – 33：強制行使型SOのシミュレーションによる評価額の分布】

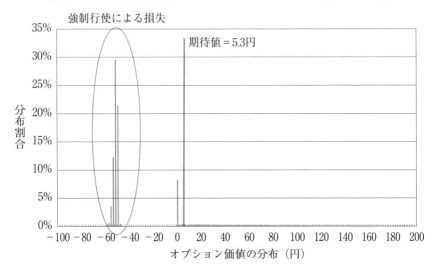

【図表 6 – 34：強制行使条件のないSOの評価額の分布】

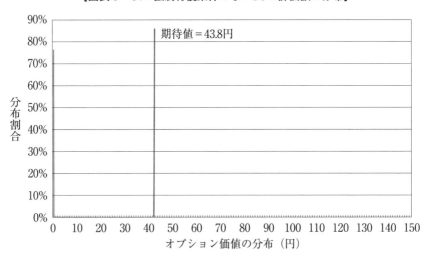

　今回のケースで，強制行使条件に抵触する確率（株価が 5 年間の間に 1 度で
も半分になるケース），評価益が発生しないケース（株価が 5 年間の間に半分

にはならなかったものの行使価格を上回らないケース），評価益がプラスに
なったものを分けると**図表6-35**のようになりました。

【図表6-35：強制行使条件の抵触の有無，評価益の有無の割合】

ケ　ー　ス	分　布　割　合
強制行使条件に抵触する割合	約68%
評価益が発生しない割合	約8%
評価益がプラスの割合	約24%

※株価の2%（切捨て）ごとに区切った分布数から計算しているため，評価益が発生しない割合が
　多くなっている。

　発行会社の役職員からすると「さすがに株価が半分になる訳はない」と思っ
ていると思いますが，ボラティリティが年率50%の場合，確率的には5年間の
間に1度くらい半分になる可能性はそれなりに高いのです。
　ストック・オプションは，本来，役職員へのインセンティブのために発行し
ているので，株価が上昇した時に利益が出るのは当然ですが，株価が下がった
際に役職員に損失が発生してしまってはインセンティブにはなりません。強制
行使条件は，新株予約権の評価額を下げるための条件ではありますが，株価が
下落した時に，役職員に不測の損失を発生させてしまうため，本当に発行する
かどうかは慎重に検討したほうがいいと思います。

おわりに

　本書は，デリバティブに特化した入門書として，基本的な考え方や契約条件の違いなど，広範にわたって解説してきました。なかには実務上とは異なる簡便的な方法で説明している箇所もありますが，イメージをつかむことを優先しているためご了承下さい。

　デリバティブは利用方法を間違わなければ，強力な財務のツールとして活用することができます。

　本書では，読者の理解のために，可能な限り事例を掲載して解説しています。皆さんのデリバティブに関する基本的な知識整理の一助となれば幸いです。

　なお，本書における，登場人物の会話内容，その他の意見に係る記述は筆者の私見であることを申し添えます。

　最後に，本書の出版にあたって，筆者の趣旨を理解し，企画・編集でご協力頂きました株式会社中央経済社の阪井あゆみ氏，浜田匡氏に，心よりお礼申し上げます。

2021年11月

山下　章太

索　引

【著者略歴】

山下　章太（やました　しょうた）

公認会計士

神戸大学工学部卒業後，監査法人トーマツ（現有限責任監査法人トーマツ），みずほ証券，東京スター銀行を経て独立。

独立後は，評価会社，税理士法人，監査法人を設立し代表者に就任。その他，投資ファンド，証券会社，信託会社，学校法人などの役員を歴任し，現在に至る。

著書に『金融マンのための実践ファイナンス講座〈第3版〉』『金融マンのための不動産ファイナンス講座〈第3版〉』『金融マンのための再編・再生ファイナンス講座』『金融マンのためのエクイティ・ファイナンス講座〈第2版〉』『図解 為替デリバティブのしくみ〈第2版〉』『図解 不動産ファイナンのしくみ』（いずれも中央経済社）がある。

金融マンのための

実践デリバティブ講座〈第3版〉

2010年4月20日	第1版第1刷発行	
2015年6月25日	第1版第10刷発行	
2016年2月1日	第2版第1刷発行	
2020年7月20日	第2版第6刷発行	
2022年1月20日	第3版第1刷発行	
2024年7月30日	第3版第2刷発行	

著　者　山　下　章　太
発行者　山　本　　　継
発行所　㈱中央経済社
発売元　㈱中央経済グループ
　　　　パブリッシング

〒101-0051　東京都千代田区神田神保町1-35
電　話　03（3293）3371（編集代表）
　　　　03（3293）3381（営業代表）
https://www.chuokeizai.co.jp
印刷／三英グラフィック・アーツ㈱
製本／㈲井上製本所

© 2022
Printed in Japan

図解 不動産ファイナンス
のしくみ

公認会計士 山下章太【著】

**複雑で難解なスキームを
図解でスッキリ&コンパクトに解説!**

**本書の
構成**

中央経済社